Abitur *Skript*

Mathematik

Gymnasium · Gesamtschule
NRW

Inhalt

Stochastik

Nur für den Leistungskurs relevante Inhalte

Analysis

S. 8:   Kapitel 2.2 Natürliche Logarithmusfunktion

S. 10:   Ableitung von $\ln(x)$

S. 22:   unbestimmtes Integral $\int \frac{1}{x} \, dx$

S. 27:   Kapitel 6.3 Uneigentliches Integral

S. 28:   Volumen von Rotationskörpern

Geometrie

S. 39/40:   Kapitel 5.2 Normalenform/Koordinatenform einer Ebene

S. 40–42:   Kapitel 5.3 Umwandlung zwischen Parameterform und
Normalenform/Koordinatenform

S. 49/50:   Lage einer Geraden zu einer Ebene in Koordinatenform

S. 50:   Schnittwinkel zwischen Gerade und Ebene

S. 50–52:   Kapitel 7.4 Lage zweier Ebenen

S. 53–56:   Kapitel 8 Abstände zwischen geometrischen Objekten

Stochastik

S. 71:   Sigma-Umgebungen um den Erwartungswert

S. 72–74:   Kapitel 4 Normalverteilung

S. 75–78:   Kapitel 5 Testen von Hypothesen

Vorwort

Liebe Schülerin, lieber Schüler,

dieses handliche Buch bietet Ihnen einen Leitfaden zu allen wesentlichen Inhalten, die Sie im Mathematik-Abitur benötigen. Es führt Sie systematisch durch den Abiturstoff der Prüfungsgebiete Analysis, Analytische Geometrie sowie Stochastik und begleitet Sie optimal bei Ihrer Abiturvorbereitung.

Durch seinen klar strukturierten Aufbau eignet sich dieses Buch besonders zur Auffrischung und Wiederholung des Prüfungsstoffs kurz vor dem Abitur.

- **Definitionen** und **Regeln** sind durch einen grauen Balken am Rand gekennzeichnet, wichtige **Begriffe** sind durch Fettdruck hervorgehoben.
- Zahlreiche **Abbildungen** veranschaulichen die Lerninhalte.
- Passgenaue **Beispiele** verdeutlichen die Theorie. Sie sind durch eine Glühbirne 💡 gekennzeichnet.
- Zu typischen Grundaufgaben wird die **Vorgehensweise** Schritt für Schritt beschrieben.
- Zusätzlich werden **Hinweise und Tipps** für den Einsatz des grafikfähigen Taschenrechners **(GTR)** oder des Computer-Algebra-Systems **(CAS)** gegeben. Diese sind durch einen Taschenrechner 🖩 gekennzeichnet.
- Das **Stichwortverzeichnis** führt schnell und treffsicher zum jeweiligen Stoffinhalt.
- Im Inhalts- und Stichwortverzeichnis sowie im Buch ist genau gekennzeichnet, welche Inhalte **nur für den LK** wichtig sind. Alle anderen Themen sind für den **GK und LK** prüfungsrelevant.

Viel Erfolg bei der Abiturprüfung!
STARK Verlag

Die offiziellen Prüfungsaufgaben der letzten Jahre mit vollständigen Lösungen finden Sie in den folgenden roten STARK-Prüfungsbänden:
- Abiturprüfung NRW, Mathematik LK
- Abiturprüfung NRW, Mathematik GK

Analysis

1 Ganzrationale Funktionen und ihre Eigenschaften

1.1 Definition

Unter einer ganzrationalen Funktion (oder Polynomfunktion) vom Grad n versteht man eine reelle Funktion der Form:

$f: x \mapsto a_n x^n + a_{n-1} x^{n-1} + \ldots + a_1 x + a_0$

mit $n \in \mathbb{N}$, a_n, a_{n-1}, ..., a_1, $a_0 \in \mathbb{R}$ und $a_n \neq 0$

Definitionsbereich: $\mathbb{D}_f = \mathbb{R}$

Die Werte a_n, a_{n-1}, ..., a_1, a_0 heißen **Koeffizienten**.
Die Nullstellen einer ganzrationalen Funktion können der Linearfaktorzerlegung entnommen werden (vgl. auch Abschnitt 1.3).

$f(x) = x^3 - 2x^2 = x^2(x-2)$

$x_1 = 0$ (doppelte Nullstelle)

$x_2 = 2$

Bemerkung: Da das konstante Glied im Funktionsterm fehlt, kann die Nullstelle $x = 0$ durch Faktorisieren ermittelt werden.

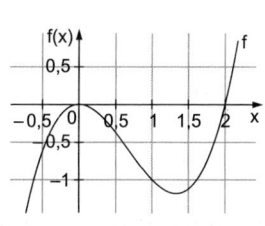

Spezialfälle

Lineare Funktion

$f(x) = mx + t$, $m \neq 0$ (Grad 1)

z. B.: $f(x) = \frac{1}{2}x + 1$

Parabel

$f(x) = ax^2 + bx + c$, $a \neq 0$ (Grad 2)

z. B.: $f(x) = x^2 - 1$

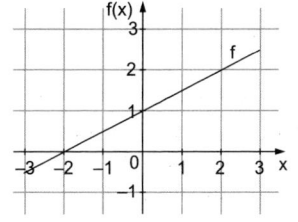

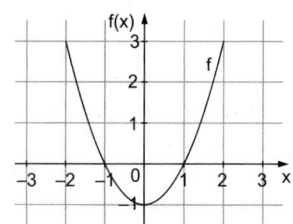

1.2 Grenzwertverhalten ganzrationaler Funktionen

Das Grenzwertverhalten ist festgelegt durch den Koeffizienten a_n und den Grad der Funktion.

$a_n > 0$:

n gerade: $\lim\limits_{x \to \infty} f(x) = \infty$; $\lim\limits_{x \to -\infty} f(x) = \infty$

n ungerade: $\lim\limits_{x \to \infty} f(x) = \infty$; $\lim\limits_{x \to -\infty} f(x) = -\infty$

$a_n < 0$:

n gerade: $\lim\limits_{x \to \infty} f(x) = -\infty$; $\lim\limits_{x \to -\infty} f(x) = -\infty$

n ungerade: $\lim\limits_{x \to \infty} f(x) = -\infty$; $\lim\limits_{x \to -\infty} f(x) = \infty$

 Mit einem GTR\CAS kann das Grenzwertverhalten durch Zeichnen des Graphen überprüft werden.

 Bestimmen Sie das Grenzwertverhalten der Funktion
$f(x) = -3x^4 - 2x$.

$a_4 = -3 < 0$

$n = 4 \implies$ n gerade

$\lim\limits_{x \to \pm\infty} (-3x^4 - 2x) = -\infty$

1.3 Vielfachheit von Nullstellen

Nullstellen ungerader Ordnung
- Eine Funktion $f(x)$ hat an der Stelle x_0 eine Nullstelle ungerader Ordnung, wenn der zugehörige Linearfaktor $(x - x_0)$ in der Linearfaktorzerlegung von $f(x)$ eine ungerade Potenz (1, 3, 5, ...) besitzt.
- Der Graph von f weist bei x_0 einen Vorzeichenwechsel (VZW) auf.

Nullstellen gerader Ordnung
- Eine Funktion $f(x)$ hat an der Stelle x_0 eine Nullstelle gerader Ordnung, wenn der zugehörige Linearfaktor $(x - x_0)$ in der Linearfaktorzerlegung von $f(x)$ eine gerade Potenz (2, 4, 6, ...) besitzt.
- Der Graph von f weist bei x_0 keinen Vorzeichenwechsel (VZW) auf.

$f(x) = 1,5x - 1,5$

einfache Nullstelle bei $x = 1$

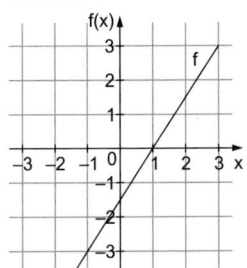

Nullstelle mit VZW;
der Graph von f schneidet
die x-Achse.

$f(x) = x^3$

dreifache Nullstelle bei $x = 0$

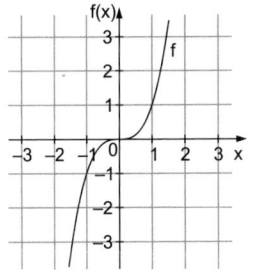

Nullstelle mit VZW;
der Graph von f schneidet
die x-Achse.

$f(x) = (x-1)^2$

doppelte Nullstelle bei $x = 1$

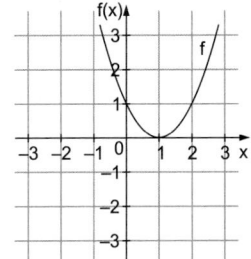

Nullstelle ohne VZW;
der Graph von f berührt
die x-Achse.

$f(x) = (x+1)^4$

vierfache Nullstelle bei $x = -1$

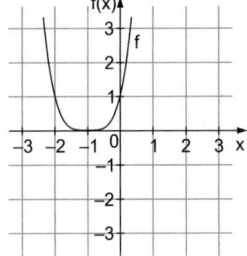

Nullstelle ohne VZW;
der Graph von f berührt
die x-Achse.

Nullstellen mit Vielfachheiten der Funktion
$f(x) = \frac{1}{10} x^5 (x+3)^2 (x-2)$:

$x = 0$: fünffache Nullstelle (VZW)

$x = -3$: doppelte Nullstelle (kein VZW)

$x = 2$: einfache Nullstelle (VZW)

1.4 Symmetrie (bezüglich des Koordinatensystems)

Der Graph einer reellen Funktion ist
- **achsensymmetrisch** (bezüglich der y-Achse), wenn gilt:
  $f(-x) = f(x)$ für alle $x \in \mathbb{D}_f$
- **punktsymmetrisch** (bezüglich des Ursprungs), wenn gilt:
  $f(-x) = -f(x)$ für alle $x \in \mathbb{D}_f$

achsensymmetrischer Graph: punktsymmetrischer Graph:

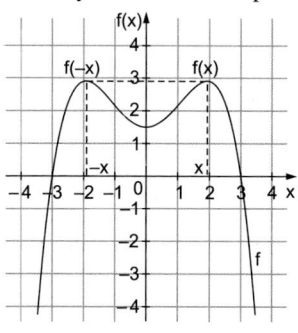   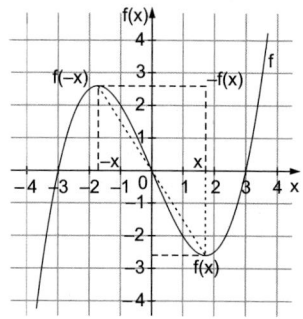

Rechnerisch überprüft man eine Funktion auf Symmetrie, indem man $(-x)$ statt x in den Funktionsterm einsetzt.

 Symmetrieuntersuchung der Funktion $f(x) = -\frac{1}{10}x^2(x^2 - 9)$:

$$f(-x) = -\frac{1}{10}(-x)^2((-x)^2 - 9)$$
$$= -\frac{1}{10}x^2(x^2 - 9)$$
$$= f(x)$$

$\Rightarrow$ Der Graph von f ist achsensymmetrisch bezüglich der y-Achse.

Bemerkung: Eine ganzrationale Funktion ist
- achsensymmetrisch (bezüglich der y-Achse), wenn die x-Terme nur in geraden Potenzen im Funktionsterm vorkommen.
- punktsymmetrisch (bezüglich des Ursprungs), wenn die x-Terme nur in ungeraden Potenzen im Funktionsterm vorkommen und f(x) kein konstantes Glied enthält.

1.5 Entwicklung von Funktionen

Verschiebung des Graphen von f in y-Richtung

Der Graph der Funktion **f(x) + d** entsteht aus dem Graphen der Funktion f(x) durch Verschiebung um $|d|$ Längeneinheiten in y-Richtung:

$f(x) \rightarrow f(x) + d$: $d > 0 \rightarrow$ Verschiebung nach oben

 $d < 0 \rightarrow$ Verschiebung nach unten

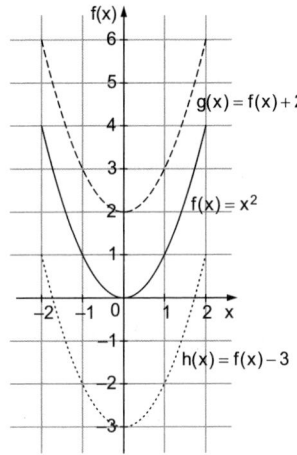

Verschiebung des Graphen von f in x-Richtung

Der Graph der Funktion **f(x + c)** entsteht aus dem Graphen der Funktion f(x) durch Verschiebung um $|c|$ Längeneinheiten in x-Richtung:

$f(x) \rightarrow f(x + c)$: $c > 0 \rightarrow$ Verschiebung nach links

 $c < 0 \rightarrow$ Verschiebung nach rechts

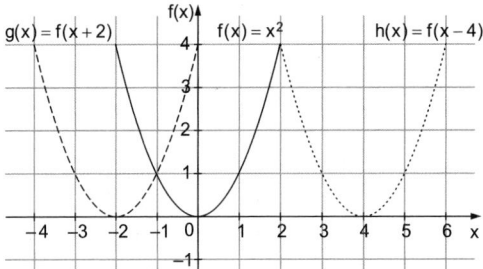

Streckung / Stauchung des Graphen von f in y-Richtung

Der Graph der Funktion $\mathbf{a \cdot f(x)}$ entsteht aus dem Graphen der Funktion f(x) durch vertikale Streckung bzw. Stauchung mit dem Faktor $|a|$:

$f(x) \to a \cdot f(x)$ mit $a > 0$: $a > 1 \to$ Streckung

                                   $0 < a < 1 \to$ Stauchung

$f(x) \to -a \cdot f(x)$ mit $a > 0$:   zusätzliche Spiegelung an der x-Achse

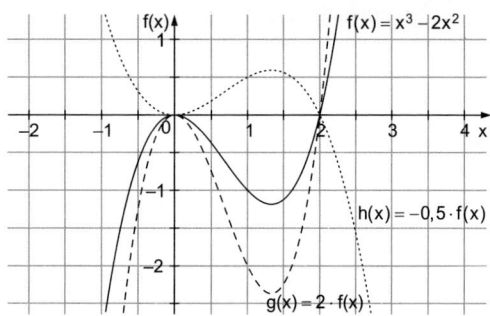

Streckung / Stauchung des Graphen von f in x-Richtung

Der Graph der Funktion $\mathbf{f(b \cdot x)}$ entsteht aus dem Graphen der Funktion f(x) durch horizontale Streckung bzw. Stauchung mit dem Faktor $\left|\frac{1}{b}\right|$:

$f(x) \to f(b \cdot x)$ mit $b > 0$: $b > 1 \to$ Stauchung

                                     $0 < b < 1 \to$ Streckung

$f(x) \to f(-b \cdot x)$ mit $b > 0$:   zusätzliche Spiegelung an der y-Achse

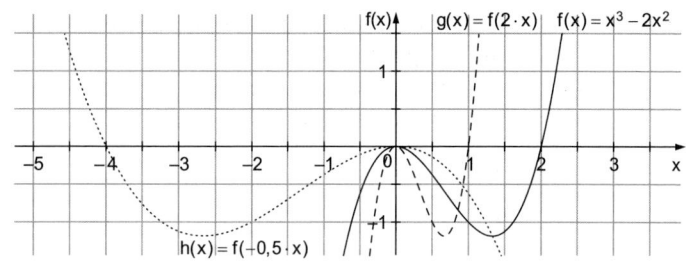

 Bemerkung: Soll für gegebene Funktionsgleichungen die Verschiebung ermittelt werden, ist es hilfreich, die Graphen mit einem GTR/CAS zu zeichnen, markante Punkte (z. B. Hoch-, Tief- oder Wendepunkte) grafisch zu bestimmen und daraus die Verschiebung abzulesen.

2 Natürliche Exponential- und Logarithmusfunktion

2.1 Natürliche Exponentialfunktion

- Die natürliche Exponential-
  funktion lautet $f(x) = e^x$.
- Definitionsbereich: $\mathbb{D}_f = \mathbb{R}$
  Wertebereich:
  $\mathbb{W}_f = \mathbb{R}^+$ ($e^x > 0$ für alle $x \in \mathbb{R}$)
- Die e-Funktion hat keine Null-
  stellen.
- Wichtige Grenzwerte:

  $$\lim_{x \to -\infty} e^x = 0^+$$

  $$\lim_{x \to +\infty} e^x = +\infty$$

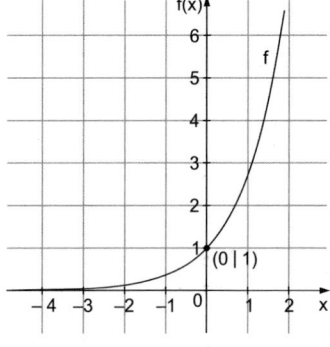

Bemerkung: 0^+ bedeutet, dass sich die Werte null nähern und positiv sind.

1. Bestimmen Sie die Nullstelle der Funktion $f(x) = (x+1) \cdot e^x$; $x \in \mathbb{R}$.

   $$f(x) = 0$$
   $$\Leftrightarrow \quad (x+1) \cdot e^x = 0$$
   $$\Leftrightarrow \qquad x + 1 = 0 \qquad \text{da } e^x > 0 \text{ für alle } x \in \mathbb{R}$$
   $$\Leftrightarrow \qquad\qquad x = -1$$

2. Gegeben ist die Funktion $f(x) = \dfrac{e^x + 1}{e^x}$ mit $\mathbb{D}_f = \mathbb{R}$.

   Berechnen Sie den Funktionswert an der Stelle $\ln 2$ und bestimmen Sie das Verhalten an den Rändern des Definitionsbereichs.

   $$f(\ln 2) = \frac{e^{\ln 2} + 1}{e^{\ln 2}} = \frac{2+1}{2} = \frac{3}{2}$$

   $$\lim_{x \to +\infty} f(x) = \lim_{x \to +\infty} \left(1 + \frac{1}{e^x}\right) = 1 + \lim_{x \to +\infty} e^{-x} = 1 + \text{,,} e^{-\infty} \text{``} = 1$$

   $$\lim_{x \to -\infty} f(x) = \lim_{x \to +\infty} \left(1 + \frac{1}{e^x}\right) = 1 + \lim_{x \to -\infty} e^{-x} = 1 + \text{,,} e^{+\infty} \text{``} = +\infty$$

2.2 Natürliche Logarithmusfunktion (nur LK)

- Die natürliche Logarithmus-
  funktion lautet $f(x) = \ln x$.
- Definitionsbereich: $\mathbb{D}_f = \mathbb{R}^+$
  Wertebereich: $\mathbb{W}_f = \mathbb{R}$
- Die ln-Funktion hat eine Null-
  stelle bei $x = 1$.
- Wichtige Grenzwerte:
$$\lim_{x \to 0^+} \ln x = -\infty$$
$$\lim_{x \to +\infty} \ln x = +\infty$$

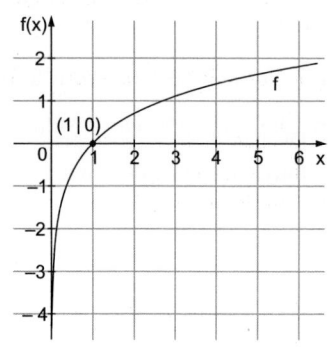

 Bestimmen Sie das Verhalten von $f(x) = \ln(2x - 3)$ an den Rändern des Definitionsbereichs.

Die ln-Funktion ist nur für positive Argumente definiert:

$$2x - 3 > 0 \iff 2x > 3 \iff x > \tfrac{3}{2} \implies \mathbb{D}_f =]\tfrac{3}{2}; +\infty[$$

$$\lim_{x \to \frac{3}{2}^+} f(x) = \lim_{x \to \frac{3}{2}^+} \ln(2x - 3) = \text{„} \ln(0^+)\text{“} = -\infty$$

$$\lim_{x \to +\infty} f(x) = \lim_{x \to +\infty} \ln(2x - 3) = \text{„} \ln(+\infty)\text{“} = +\infty$$

2.3 Exponentielles Wachstum und exponentieller Zerfall

Exponentielle Wachstumsfunktion: $N(x) = N_0 \cdot e^{k \cdot x}$
Exponentielle Zerfallsfunktion: $N(x) = N_0 \cdot e^{-k \cdot x}$

Bedeutung der Parameter bzw. Werte:

N_0: Startwert für $x = 0$; $N_0 > 0$

x: Zeit ab einem bestimmten Startpunkt; $x \geq 0$

k: Wachstums- bzw. Zerfallskonstante; $k > 0$

$N(x)$: Wert nach der Zeit x

Eine Tomatenstaude hat zum Zeitpunkt des Auspflanzens eine Höhe von 8 cm. Nach 30 Tagen ist sie schon 14 cm hoch.

Das Wachstum der Staude lässt sich in den ersten zwei Monaten näherungsweise durch eine Exponentialfunktion mit der Gleichung $N(x) = N_0 \cdot e^{k \cdot x}$ (x in Tagen, N(x) in Zentimetern) beschreiben. Bestimmen Sie N_0 und k rechnerisch.

Informationen aus dem Text:
$N(0) = 8$, $N(30) = 14$

Berechnung von N_0:
$N(0) = N_0 \cdot e^{k \cdot 0} = N_0 \Rightarrow N_0 = 8$

Berechnung von k:
$N(30) = 8 \cdot e^{k \cdot 30}$

$\Rightarrow \quad 8 \cdot e^{k \cdot 30} = 14$

$\Leftrightarrow \qquad e^{k \cdot 30} = \frac{14}{8} \qquad | \ln$

$\Leftrightarrow \qquad k \cdot 30 = \ln\left(\frac{14}{8}\right)$

$\Leftrightarrow \qquad k = \frac{1}{30} \cdot \ln\left(\frac{14}{8}\right)$

$\Leftrightarrow \qquad k \approx 0{,}0187$

Die Wachstumsfunktion besitzt die Gleichung:
$N(x) = 8 \cdot e^{0{,}0187 \cdot x}$

 Bemerkung: Durch den Zusatz „rechnerisch" in der Aufgabenstellung muss in der Lösung sowohl der Ansatz als auch der Rechenweg mit den einzelnen Berechnungen dokumentiert werden. Die reine Angabe der Lösung und des entsprechenden Rechnerbefehls reicht nicht aus.

3 Ableitung

3.1 Die Ableitung

Die Ableitung einer Funktion entspricht in jedem Punkt der Steigung der Tangente an den Graphen der Funktion und wird deshalb als Grenzwert der Sekantensteigung bestimmt.

Der **Differenzenquotient** $\frac{f(x) - f(x_0)}{x - x_0}$ gibt die Steigung einer Sekante durch den Punkt $P(x_0 \,|\, f(x_0))$ und einen weiteren Punkt des Graphen der Funktion $f(x)$ an.

Der Grenzwert des Differenzenquotienten bei Annäherung der beiden Punkte heißt **Differenzialquotient** und gibt die Steigung der Tangente im Punkt P an den Graphen von $f(x)$ bzw. die Ableitung der Funktion an der Stelle x_0 an:

$$f'(x_0) = \lim_{x \to x_0} \frac{f(x) - f(x_0)}{x - x_0} \quad \text{(momentane Änderungsrate) bzw.}$$

$$f'(x_0) = \lim_{h \to 0} \frac{f(x_0 + h) - f(x_0)}{h}$$

Eine Funktion f heißt ableitbar bzw. **differenzierbar** an der Stelle x_0, wenn dieser Grenzwert existiert und nicht unendlich ist.

Ableitungen der Grundfunktionen

Es gilt die **Potenzregel**:

$$f(x) = x^r \quad \text{mit} \quad r \in \mathbb{R} \quad \Rightarrow \quad f'(x) = r \cdot x^{r-1}$$

 Bestimmen Sie jeweils die Ableitung der Funktion.

1. $f(x) = x^4 \qquad \to \quad f'(x) = 4 \cdot x^{4-1} = 4\ x^3$

2. $h(x) = \frac{1}{x} = x^{-1} \quad \Rightarrow \quad h'(x) = (-1) \cdot x^{-1-1} = -x^{-2} = -\frac{1}{x^2}$

Weitere Grundfunktionen:

$$f(x) = c \quad \text{mit} \quad c \in \mathbb{R} \quad \Rightarrow \quad f'(x) = 0$$

$$f(x) = e^x \qquad \qquad \Rightarrow \quad f'(x) = e^x$$

$$f(x) = \ln x \qquad \qquad \Rightarrow \quad f'(x) = \frac{1}{x} \quad \text{(nur LK)}$$

3.2 Ableitungsregeln

Zum Ableiten komplexerer Funktionen benötigt man weitere Regeln.

Faktorregel
$f(x) = a \cdot u(x)$ mit $a \in \mathbb{R} \Rightarrow f'(x) = a \cdot u'(x)$

Summenregel
$f(x) = u(x) + v(x) \Rightarrow f'(x) = u'(x) + v'(x)$

Produktregel
$f(x) = u(x) \cdot v(x) \Rightarrow f'(x) = u'(x) \cdot v(x) + u(x) \cdot v'(x)$

Kettenregel
$f(x) = u(v(x)) \Rightarrow f'(x) = u'(v(x)) \cdot v'(x)$

Bemerkung: Die Produktregel kann auch zum Ableiten von Quotienten genutzt werden.

1. Faktorregel
   $f(x) = 5 \cdot x^2 \Rightarrow f'(x) = 5 \cdot 2 \cdot x = 10x$

2. Summenregel
   $f(x) = x^3 + e^x \Rightarrow f'(x) = 3x^2 + e^x$

3. Produktregel
   $f(x) = x^2 \cdot e^x \Rightarrow f'(x) = 2x \cdot e^x + x^2 \cdot e^x = x \cdot e^x (2 + x)$

   $f(x) = \dfrac{e^x + 1}{x} = (e^x + 1) \cdot x^{-1}$

   $\Rightarrow f'(x) = e^x \cdot x^{-1} + (e^x + 1) \cdot (-1) \cdot x^{-2} = \dfrac{e^x}{x} - \dfrac{e^x + 1}{x^2}$

4. Kettenregel
   $f(x) = e^{x^2 - 1} \Rightarrow f'(x) = e^{x^2 - 1} \cdot 2x = 2x \cdot e^{x^2 - 1}$

4 Elemente der Kurvendiskussion, Anwendungen der Ableitung

Mithilfe der Ableitung können Funktionen auf bestimmte Eigenschaften untersucht und Rückschlüsse auf den Verlauf des Funktionsgraphen gezogen werden. Die 1. Ableitung bestimmt dabei die Steigung der Funktion, die 2. Ableitung ihre Krümmung.

4.1 Monotonieverhalten, Extrem- und Sattelpunkte

Die Monotonie beschreibt das Steigungsverhalten einer Funktion.

Monotoniekriterium

$f'(x) < 0$ im Intervall I $\Rightarrow$ Der Graph von f fällt streng monoton in I.

$f'(x) > 0$ im Intervall I $\Rightarrow$ Der Graph von f steigt streng monoton in I.

Extremstellen und Sattelstellen sind Stellen (x-Werte), an denen der Graph einer Funktion die Steigung null und damit eine waagrechte Tangente besitzt. Ändert sich an dieser Stelle das Monotonieverhalten (von steigend zu fallend oder umgekehrt), liegt ein Extrempunkt vor, andernfalls ein Sattelpunkt.

Art von Extrempunkten

Ist $f'(x_0) = 0$ und wechselt f' an der Stelle x_0 das Vorzeichen, so hat der Graph von f an dieser Stelle einen Extrempunkt.

VZW von $-$ nach $+$: relatives/lokales Minimum bei x_0 (Tiefpunkt)

VZW von $+$ nach $-$: relatives/lokales Maximum bei x_0 (Hochpunkt)

kein VZW: Sattelpunkt bei x_0

Bemerkung: Ist eine Funktion nur auf einem Teilbereich von $\mathbb{R}$ definiert, kann der maximale bzw. minimale Wert auch am Rand dieses Bereichs angenommen werden (Randextremum). Da dies keine Hoch- bzw. Tiefpunkte im eigentlichen Sinne sind, werden sie nicht durch das obige Kriterium erfasst. Dies muss insbesondere bei Extremwertproblemen durch eine Untersuchung auf Randextrema berücksichtigt werden.

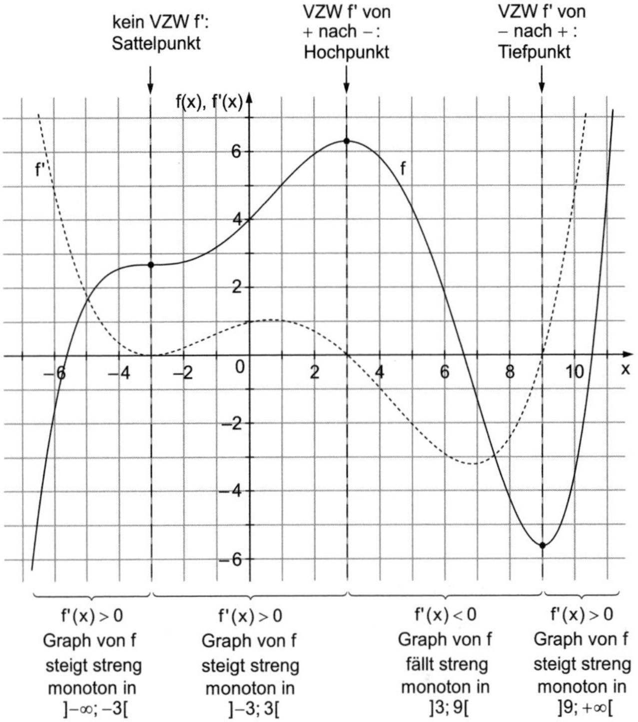
kein VZW f':
Sattelpunkt
VZW f' von
+ nach −:
Hochpunkt
VZW f' von
− nach +:
Tiefpunkt
f(x), f'(x)
f'
f
x
6
4
2
−2
−4
−6
−6
−4
−2
0
2
4
6
8
10
f'(x) > 0
Graph von f
steigt streng
monoton in
]−∞; −3[
f'(x) > 0
Graph von f
steigt streng
monoton in
]−3; 3[
f'(x) < 0
Graph von f
fällt streng
monoton in
]3; 9[
f'(x) > 0
Graph von f
steigt streng
monoton in
]9; +∞[

Bestimmung des Monotonieverhaltens und der Extrempunkte mithilfe einer Monotonietabelle

Vorgehensweise

Schritt 1: 1. Ableitung von f bestimmen

Schritt 2: Nullstellen der 1. Ableitung berechnen, d. h. Lösen der Gleichung $f'(x) = 0$

Schritt 3: Für jede Nullstelle x_0 der 1. Ableitung überprüfen, ob $f'(x)$ beim Fortschreiten von links nach rechts über die Nullstelle hinweg das Vorzeichen wechselt

− nach +: relatives/lokales Minimum bei x_0
+ nach −: relatives/lokales Maximum bei x_0
kein VZW: Sattelpunkt bei x_0

$f(x) = x \cdot e^x$

Schritt 1:

$f'(x) = 1 \cdot e^x + x \cdot e^x = e^x(1+x)$

Schritt 2:

$$f'(x) = 0$$
$$\Leftrightarrow \quad e^x(1+x) = 0 \qquad |: e^x > 0$$
$$\Leftrightarrow \quad 1+x = 0$$
$$\Leftrightarrow \quad x = -1$$

Schritt 3:

Monotonietabelle:

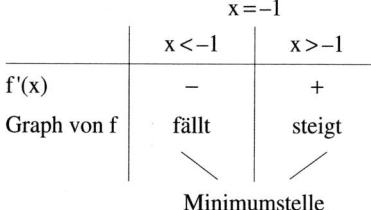

	$x < -1$	$x > -1$
$f'(x)$	−	+
Graph von f	fällt	steigt

Minimumstelle

Der Graph von f fällt streng monoton für $x < -1$ und steigt streng monoton für $x > -1$.

$\Rightarrow$ Der Graph von f hat den Tiefpunkt $T(-1 \mid f(-1)) = T(-1 \mid -e^{-1})$.

Bestimmung der Extrempunkte mithilfe der 2. Ableitung

Alternativ kann die Art der Extrempunkte mithilfe der 2. Ableitung bestimmt werden. Allerdings lässt sich bei diesem Vorgehen kein direkter Rückschluss auf einen Sattelpunkt ziehen.

Art von Extrempunkten *(alternatives Kriterium)*
Ist $f'(x_0) = 0$ und $f''(x_0) > 0$, so hat der Graph von f an der Stelle x_0 ein relatives/lokales Minimum (Tiefpunkt).
Ist $f'(x_0) = 0$ und $f''(x_0) < 0$, so hat der Graph von f an der Stelle x_0 ein relatives/lokales Maximum (Hochpunkt).

Bemerkung:
$f'(x_0) = 0$ wird als **notwendige Bedingung** bezeichnet.
$f'(x_0) = 0$ und $f''(x_0) \neq 0$ wird **hinreichende Bedingung** genannt.

Vorgehensweise

Schritt 1: 1. und 2. Ableitung von f bestimmen

Schritt 2: Nullstellen der 1. Ableitung berechnen, d. h. Lösen der Gleichung $f'(x) = 0$

Schritt 3: Für jede Nullstelle x_0 der 1. Ableitung den Funktionswert $f''(x_0)$ berechnen und das Ergebnis auswerten

$f''(x_0) > 0$: relatives/lokales Minimum bei x_0

$f''(x_0) < 0$: relatives/lokales Maximum bei x_0

$f''(x_0) = 0$: Sattelpunkt bei x_0 *möglich*

💡 $f(x) = x \cdot e^x$

Schritt 1:

$f'(x) = 1 \cdot e^x + x \cdot e^x = e^x(1 + x)$

$f''(x) = e^x \cdot (1 + x) + e^x \cdot 1 = e^x(2 + x)$

Schritt 2:

$f'(x) = 0 \iff x = -1$

Schritt 3:

$f''(-1) = e^{-1} \cdot (2 - 1) = e^{-1} > 0$

$\Rightarrow$ relatives/lokales Minimum bei $x = -1$

$\Rightarrow$ Der Graph von f hat den Tiefpunkt $T(-1 \mid -e^{-1})$.

4.2 Krümmungsverhalten, Wendepunkte

Graphenkrümmung

$f''(x) < 0$ im Intervall I $\Rightarrow$ Der Graph von f ist in I rechtsgekrümmt.

$f''(x) > 0$ im Intervall I $\Rightarrow$ Der Graph von f ist in I linksgekrümmt.

Wendestellen sind Stellen (x-Werte), an denen der Graph einer Funktion seine Krümmung wechselt (von einer Links- in eine Rechtskurve oder umgekehrt).

Wendepunkte

Ist $f''(x_0) = 0$ und wechselt f'' an der Stelle x_0 das Vorzeichen, so hat der Graph von f an dieser Stelle einen Wendepunkt.

Ein Sattelpunkt (Terrassenpunkt) ist ein Wendepunkt mit waagrechter Tangente (vgl. Abschnitt 4.1).

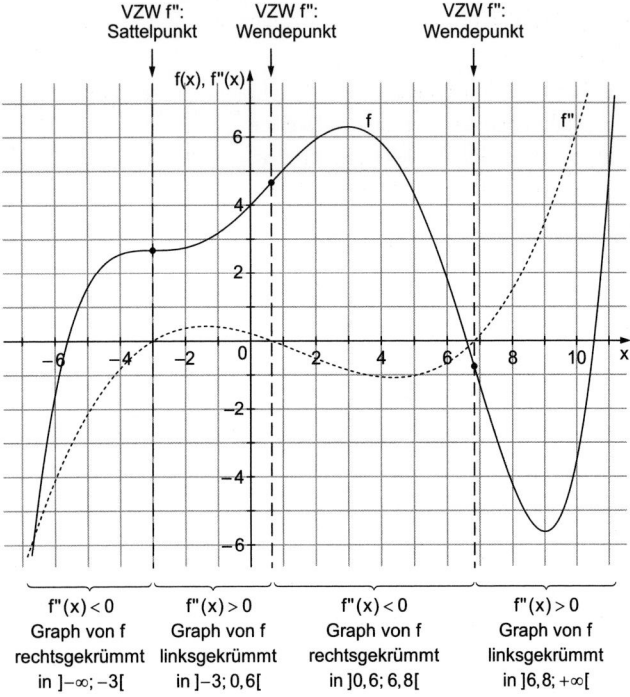

f''(x) < 0	f''(x) > 0	f''(x) < 0	f''(x) > 0
Graph von f rechtsgekrümmt in]−∞; −3[	Graph von f linksgekrümmt in]−3; 0,6[	Graph von f rechtsgekrümmt in]0,6; 6,8[	Graph von f linksgekrümmt in]6,8; +∞[

Bestimmung des Krümmungsverhaltens und der Wendepunkte mithilfe einer Krümmungstabelle

Vorgehensweise

Schritt 1: 1. und 2. Ableitung von f bestimmen

Schritt 2: Nullstellen der 2. Ableitung berechnen, d. h. Lösen der Gleichung $f''(x) = 0$

Schritt 3: Für jede Nullstelle x_0 der 2. Ableitung überprüfen, ob $f''(x)$ beim Fortschreiten von links nach rechts über die Nullstelle hinweg das Vorzeichen wechselt

VZW: Wendepunkt bei x_0

kein VZW: kein Wendepunkt bei x_0

$f(x) = x \cdot e^x$

Schritt 1:

$f'(x) = 1 \cdot e^x + x \cdot e^x = e^x(1+x)$

$f''(x) = e^x \cdot (1+x) + e^x \cdot 1 = e^x(2+x)$

Schritt 2:

$$f''(x) = 0$$
$$\Leftrightarrow \quad e^x(2+x) = 0 \qquad |: e^x > 0$$
$$\Leftrightarrow \quad 2+x = 0$$
$$\Leftrightarrow \quad x = -2$$

Schritt 3:

Krümmungstabelle:

	$x < -2$	$x = -2$	$x > -2$
e^x	+		+
$2+x$	−		+
$f''(x)$	−		+
Graph von f	rechtsgekrümmt		linksgekrümmt

Wendestelle

Der Graph von f ist in $]-\infty; -2[$ rechtsgekrümmt und in $]-2; +\infty[$ linksgekrümmt.

$\Rightarrow$ Der Graph von f hat den Wendepunkt
$W(-2\,|\,f(-2)) = W(-2\,|-2e^{-2})$.

Bestimmung der Wendepunkte mithilfe der 3. Ableitung

Alternativ kann die Bestimmung der Wendepunkte mithilfe der 3. Ableitung erfolgen. Allerdings lässt sich bei diesem Vorgehen das Krümmungsverhalten nicht angeben.

Wendepunkte *(alternatives Kriterium)*

Ist $f''(x_0) = 0$ und $f'''(x_0) \neq 0$, so hat der Graph von f an der Stelle x_0 einen Wendepunkt.

Bemerkung:
$f''(x_0) = 0$ wird als **notwendige Bedingung** bezeichnet.
$f''(x_0) = 0$ und $f'''(x_0) \neq 0$ wird **hinreichende Bedingung** genannt.

Vorgehensweise

Schritt 1: 1., 2. und 3. Ableitung von f bestimmen

Schritt 2: Nullstellen der 2. Ableitung berechnen, d. h. Lösen der Gleichung $f''(x) = 0$

Schritt 3: Für jede Nullstelle x_0 der 2. Ableitung den Funktionswert $f'''(x_0)$ berechnen und das Ergebnis auswerten

$f'''(x_0) \neq 0$: Wendepunkt bei x_0

$f'''(x_0) = 0$: keine Aussage möglich

$f(x) = x \cdot e^x$

Schritt 1:

$f'(x) = 1 \cdot e^x + x \cdot e^x = e^x(1 + x)$

$f''(x) = e^x \cdot (1 + x) + e^x \cdot 1 = e^x(2 + x)$

$f'''(x) = e^x \cdot (2 + x) + e^x \cdot 1 = e^x(3 + x)$

Schritt 2:

$f''(x) = 0 \iff x = -2$

Schritt 3:

$f'''(-2) = e^{-2}(3 - 2) = e^{-2} \neq 0$

$\Rightarrow$ Der Graph von f hat den Wendepunkt
$W(-2 \,|\, f(-2)) = W(-2 \,|\, -2e^{-2})$.

Bemerkung: Je nach Operator in der Aufgabenstellung können die Extrem- und Wendepunkte mit einem GTR/CAS auch grafisch ermittelt werden.

4.3 Extremwertaufgaben

Bei Extremwertaufgaben werden die Voraussetzungen ermittelt, unter denen eine bestimmte Größe extrem, d. h. maximal oder minimal, wird. Meist wird zudem die Berechnung dieses größten bzw. kleinsten Wertes gefordert.

Vorgehensweise
Schritt 1: Größe, für die ein Extremwert berechnet werden soll, in Abhängigkeit der relevanten Variablen aufstellen ($\hat{=}$ Extremalbedingung).

Schritt 2: Im Aufgabentext nach Nebenbedingungen suchen und Zusammenhänge zwischen den enthaltenen Variablen herstellen, um die Extremalbedingung in Abhängigkeit von nur einer Variablen zu erhalten. (Falls die in Schritt 1 aufgestellte Funktion bereits von nur einer Variablen abhängig ist, wird keine Nebenbedingung benötigt und Schritt 2 kann ausgelassen werden.)

Schritt 3: Einen bezüglich der Fragestellung sinnvollen Definitionsbereich für die Extremalbedingung festlegen. Durch die Schritte 2 und 3 wird die Zielfunktion festgelegt.

Schritt 4: Mit den üblichen Mitteln das Maximum bzw. Minimum der Zielfunktion berechnen.

Schritt 5: Auf Randextrema überprüfen, indem das Maximum bzw. Minimum mit den Werten an den Rändern des Definitionsbereichs verglichen wird.

 Gegeben sind die Funktionen $f(x) = 4x \cdot e^{-\frac{1}{2}x}$ und $k(x) = -4 \cdot e^{-\frac{1}{2}x}$. Die Punkte $A(0\,|\,0)$, $B(t\,|\,k(t))$ und $C(t\,|\,f(t))$ sind die Eckpunkte eines Dreiecks. Bestimmen Sie rechnerisch $t \geq 0$ so, dass der Flächeninhalt des Dreiecks maximal wird (ohne hinreichende Bedingung).

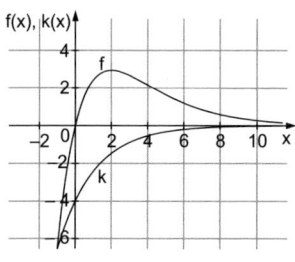

Schritt 1:

Der Flächeninhalt $A = \frac{1}{2} \cdot g \cdot h$ soll maximal werden (Extremalbedingung).

Schritt 2:

$h = t$

$g = f(t) - k(t)$

$$A(t) = \frac{1}{2} \cdot t \cdot (f(t) - k(t))$$

$$= \frac{1}{2} \cdot t \cdot (4te^{-0,5t} + 4e^{-0,5t})$$

$$= 2e^{-0,5t}(t^2 + t)$$

Schritt 3:

Für alle $t \geq 0$ ergeben sich sinnvolle Lösungen.

$\mathbb{D}$: $t \geq 0$ (siehe Vorgabe)

$\Rightarrow$ Zielfunktion $A(t) = 2e^{-0,5t}(t^2 + t)$ mit $t \geq 0$

Schritt 4:

Anwenden der Produkt- und Kettenregel

$$A'(t) = 2 \cdot (-0,5) \cdot e^{-0,5t}(t^2 + t) + 2e^{-0,5t}(2t + 1)$$

$$= -e^{-0,5t}(t^2 + t - 4t - 2)$$

$$= -e^{-0,5t}(t^2 - 3t - 2)$$

Notwendige Bedingung für eine Extremstelle: $A'(t) = 0$

$-e^{-0,5t}(t^2 - 3t - 2) = 0 \quad \big| : (-e^{-0,5t}) \neq 0$

$\qquad\qquad t^2 - 3t - 2 = 0$

$t_1 = \frac{3}{2} + \frac{1}{2}\sqrt{17} \approx 3,56 \qquad t_2 = \frac{3}{2} - \frac{1}{2}\sqrt{17} \approx -0,56 \notin \mathbb{D}$

Schritt 5:

$A\left(\frac{3}{2} + \frac{1}{2}\sqrt{17}\right) \approx 5,48$

Randwerte:

$A(0) = 0$

$\lim_{t \to \infty} A(t) = 0$

Für $t = \frac{3}{2} + \frac{1}{2}\sqrt{17}$ wird der Flächeninhalt des Dreiecks maximal.

5 Stammfunktion und unbestimmtes Integral

5.1 Stammfunktion

Eine Funktion F ist Stammfunktion der Funktion f, wenn gilt:
$F'(x) = f(x)$

Die folgende Abbildung zeigt den Graphen der Funktion f und den Graphen einer Stammfunktion F von f.

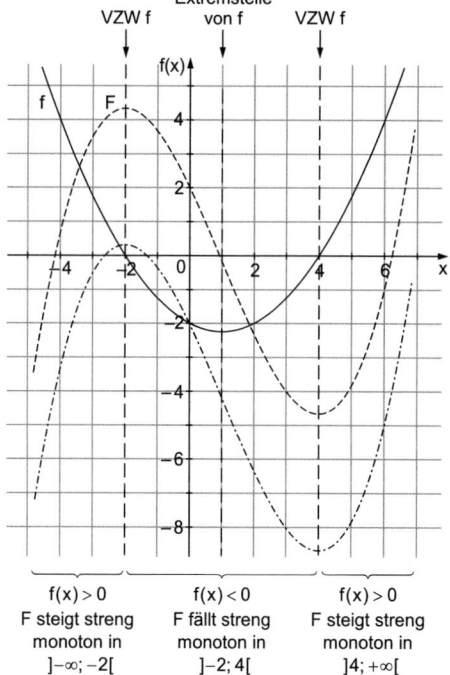

$f(x) > 0$	$f(x) < 0$	$f(x) > 0$
F steigt streng monoton in $]-\infty; -2[$	F fällt streng monoton in $]-2; 4[$	F steigt streng monoton in $]4; +\infty[$

Es bestehen folgende Zusammenhänge:

- Vorzeichen von f $\Rightarrow$ Steigung von F
- Nullstellen von f mit VZW $\Rightarrow$ Extrema von F
- Extremstellen von f $\Rightarrow$ Wendestellen von F

Bemerkung: Eine Verschiebung des Graphen von F nach oben oder unten hat keinen Einfluss auf den Verlauf des Graphen der Funktion f (konstantes Glied fällt beim Ableiten weg). Es sind also unendlich viele Stammfunktionen möglich.

Ist F eine Stammfunktion von f, so ist auch jede Funktion G mit $G(x) = F(x) + C$, $C \in \mathbb{R}$ eine weitere Stammfunktion von f.

5.2 Unbestimmtes Integral

Das unbestimmte Integral einer Funktion f ist die Menge aller Stammfunktionen dieser Funktion:

$$\int f(x)\,dx = F(x) + C; \quad C \in \mathbb{R}$$

Dabei gilt stets: $F'(x) = f(x)$

Wichtige unbestimmte Integrale

Elementare Stammfunktionen:

$$\int x^r\,dx = \frac{1}{r+1}x^{r+1} + C; \quad r \neq -1$$

$$\int e^x\,dx = e^x + C$$

$$\int \frac{1}{x}\,dx = \ln|x| + C \quad \text{(nur LK)}$$

Integrationsregeln:

(1) $\displaystyle\int f'(x) \cdot e^{f(x)}\,dx = e^{f(x)} + C$

(2) $\displaystyle\int f(ax + b)\,dx = \frac{1}{a} \cdot F(ax + b) + C$, wobei F Stammfunktion von f ist.

  (lineare Substitution)

1. $\displaystyle\int (5x^3 - 3x + e^x)\,dx = 5 \cdot \frac{1}{4}x^4 - 3 \cdot \frac{1}{2}x^2 + e^x + C$

$$= \frac{5}{4}x^4 - \frac{3}{2}x^2 + e^x + C$$

2. $\displaystyle\int (2x - 5)^3\,dx = \frac{1}{2} \cdot \frac{1}{4}(2x - 5)^4 + C = \frac{1}{8}(2x - 5)^4 + C$

  Nach Regel (2) mit $f(x) = x^3$, $F(x) = \frac{1}{4}x^4$, $a = 2$, $b = -5$

6 Bestimmtes Integral, Flächen- und Volumenberechnung

6.1 Bestimmtes Integral

Das bestimmte Integral ist eine Zahl. Sie drückt die **Flächenbilanz** der Flächen aus, die der Graph einer Funktion f im Intervall [a; b] mit der x-Achse einschließt.

$$\int_a^b f(x)\,dx = \left[F(x)\right]_a^b = F(b) - F(a), \quad \text{wobei F Stammfunktion von f ist.}$$

Gilt für die Integrationsgrenzen a < b, dann gehen Flächen oberhalb der x-Achse positiv in die Bilanz ein und Flächen unterhalb der x-Achse negativ:

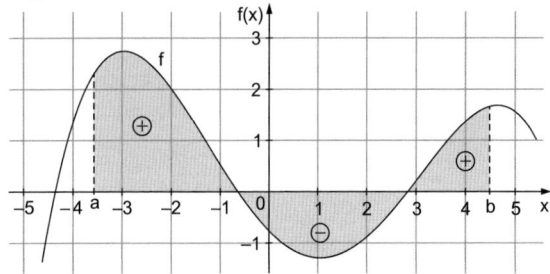

Flächenbilanz

⊕ > ⊖: bestimmtes Integral > 0

⊕ = ⊖: bestimmtes Integral = 0

⊕ < ⊖: bestimmtes Integral < 0

Eigenschaften des bestimmten Integrals

1. $\int_a^a f(x)\,dx = 0$

2. $\int_a^b f(x)\,dx = -\int_b^a f(x)\,dx$ (Vertauschung der Integrationsgrenzen)

3. $\int_a^b k \cdot f(x)\,dx = k \cdot \int_a^b f(x)\,dx,$ wobei $k \in \mathbb{R}$ (Faktorregel)

4. $\int_a^b (f(x) \pm g(x))\,dx = \int_a^b f(x)\,dx \pm \int_a^b g(x)\,dx$ (Summenregel)

5. $\int_a^b f(x)\,dx = \int_a^c f(x)\,dx + \int_c^b f(x)\,dx,$ wobei $a < c < b$ (Intervalladditivität)

6.2 Flächenberechnung

Berechnung des Flächeninhalts zwischen Graph und x-Achse

Zur Berechnung des Inhalts der vom Graphen der Funktion f und von der x-Achse im Intervall [a; b] eingeschlossenen Fläche muss in diesem Bereich über f(x) integriert werden. Dabei müssen die Teilflächen ober- und unterhalb der x-Achse getrennt betrachtet werden.

Vorgehensweise

Schritt 1: Nullstellen x_1, x_2, …, x_n von f im Intervall [a; b] berechnen: $f(x) = 0$ mit $a < x < b$

Schritt 2: Inhalt A der Fläche zwischen dem Graphen von f und der x-Achse $\hat{=}$ Summe der Beträge der Einzelintegrale über f(x)

$$A = \left| \int_a^{x_1} f(x)\,dx \right| + \left| \int_{x_1}^{x_2} f(x)\,dx \right| + \dots + \left| \int_{x_n}^b f(x)\,dx \right|$$

Bestimmen Sie die Fläche, die von der x-Achse und dem Graphen der Funktion $f(x) = x^3 - 3x^2$ im Intervall $[-2; 2]$ eingeschlossen wird.

Schritt 1: Bestimmung der Nullstellen

$$f(x) = 0$$
$$\Leftrightarrow \quad x^3 - 3x^2 = 0$$
$$\Leftrightarrow \quad x^2(x-3) = 0$$
$$\Leftrightarrow \qquad x_1 = 0 \text{ (doppelte Nullstelle)} \text{ oder } x_2 = 3 \notin [-2; 2]$$

Schritt 2: Berechnung der Fläche

$$A = \left| \int_{-2}^{0} f(x)\,dx \right| + \left| \int_{0}^{2} f(x)\,dx \right|$$

$$= \left| \left[\frac{1}{4}x^4 - x^3 \right]_{-2}^{0} \right| + \left| \left[\frac{1}{4}x^4 - x^3 \right]_{0}^{2} \right|$$

$$= \left| 0 - (4+8) \right| + \left| (4-8) - 0 \right|$$

$$= 12 + 4 = 16\,[\text{FE}]$$

Bemerkung: Mit einem GTR/CAS kann der Flächeninhalt auch ohne vorherige Bestimmung der Nullstellen berechnet werden, indem über die Betragsfunktion $|f(x)|$ vom Anfang bis zum Ende des Integrationsintervalls integriert wird:

$$A = \int_{a}^{b} |f(x)|\,dx$$

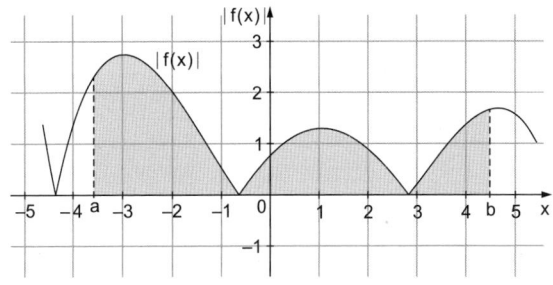

Berechnung des Flächeninhalts zwischen zwei Graphen

Zur Berechnung des Inhalts der von den Graphen zweier Funktionen f und g im Intervall [a; b] eingeschlossenen Fläche muss über die Differenz von f(x) und g(x) integriert werden. Dabei ist es egal, ob die eingeschlossene Fläche ober- oder unterhalb der x-Achse liegt, allerdings müssen die Teilflächen zwischen den Schnittstellen der beiden Graphen getrennt betrachtet werden.

Vorgehensweise
Schritt 1: Schnittstellen $x_1, x_2, \ldots, x_n$ der Graphen von f und g im Intervall [a; b] berechnen:
$f(x) = g(x)$ mit $a < x < b$

Schritt 2: Inhalt A der Fläche zwischen den Graphen von f und g
$\hat{=}$ Summe der Beträge der Einzelintegrale über die Differenzfunktion
$d(x) = f(x) - g(x)$

$$A = \left| \int_a^{x_1} d(x)\,dx \right| + \left| \int_{x_1}^{x_2} d(x)\,dx \right| + \ldots + \left| \int_{x_n}^b d(x)\,dx \right|$$

Dabei spielt es keine Rolle, ob der Graph von f oberhalb des Graphen von g liegt oder umgekehrt.

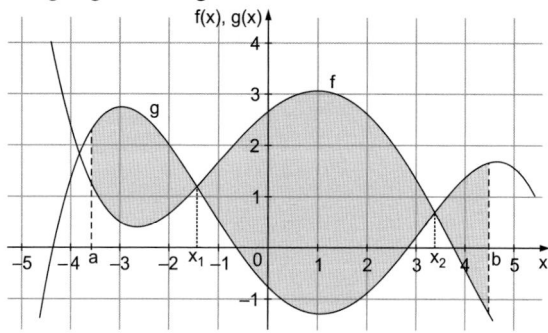

 Bemerkung: Mit einem GTR/CAS kann der Flächeninhalt auch hier ohne vorherige Bestimmung der Schnittstellen berechnet werden:

$$A = \int_a^b |d(x)|\,dx$$

6.3 Uneigentliches Integral (nur LK)

Uneigentliches Integral
Wird eine der Integrationsgrenzen beliebig groß (klein), so muss nicht nur ein bestimmtes Integral über ein abgeschlossenes Intervall berechnet, sondern auch ein Grenzwert bestimmt werden. Dieser Grenzwert wird als uneigentliches Integral bezeichnet.

Berechne die Fläche zwischen dem Graphen der Funktion $f(x) = e^{-\frac{x}{2}}$ und der x-Achse im I. Quadranten.

Schritt 1: Berechnung des bestimmten Integrals im Intervall [0; k]

$$A(k) = \int_0^k f(x)\,dx = \int_0^k e^{-\frac{x}{2}}\,dx$$

$$= \left[-2e^{-\frac{x}{2}}\right]_0^k = -2e^{-\frac{k}{2}} - (-2)$$

$$= 2 - 2e^{-\frac{k}{2}}$$

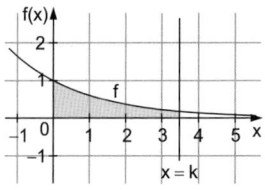

Schritt 2: Grenzwertbildung für $k \to +\infty$

$$\lim_{k \to +\infty} A(k) = \lim_{k \to +\infty} (2 - 2e^{-\frac{k}{2}}) = 2$$

Der Flächeninhalt der unbegrenzten Fläche, die der Graph von f mit der x-Achse im I. Quadranten einschließt, besitzt den endlichen Flächeninhalt 2 [FE].

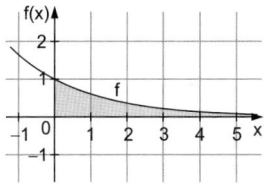

6.4 Mittelwert- und Volumenberechnung

Mittelwert einer Funktion
Ist f eine im Intervall [a; b] integrierbare Funktion, so gilt für den Mittelwert m:

$$m = \frac{1}{b-a} \int_a^b f(x)\,dx$$

Volumen von Rotationskörpern (nur LK)

Rotiert der Graph einer Funktion f über dem Intervall [a; b] um die x-Achse, so entsteht ein Rotationskörper mit folgendem Volumen:

$$V = \pi \cdot \int_a^b (f(x))^2 \, dx$$

Der Graph der Funktion $f(x) = x^{\frac{2}{3}}$, $x \in [0; 8]$ rotiert um die x-Achse. Berechnen Sie den Mittelwert der Funktion f im Intervall [0; 8] und das Volumen des Rotationskörpers.

$$m = \frac{1}{8-0} \int_0^8 x^{\frac{2}{3}} \, dx = \frac{1}{8} \cdot \left[\frac{3}{5} \cdot x^{\frac{5}{3}} \right]_0^8 = \frac{1}{8} \cdot \frac{3}{5} \cdot 32 = \frac{12}{5} = 2,4$$

$$V = \pi \cdot \int_0^8 (x^{\frac{2}{3}})^2 \, dx = \pi \cdot \int_0^8 x^{\frac{4}{3}} \, dx$$

$$= \pi \cdot \left[\frac{3}{7} \cdot x^{\frac{7}{3}} \right]_0^8 = \pi \cdot \left(\frac{3}{7} \cdot 8^{\frac{7}{3}} - 0 \right)$$

$$\approx 172,3 \, [\text{VE}]$$

Geometrie

1 Lineare Gleichungssysteme

Lineare Gleichungssysteme und deren Lösbarkeit spielen bei Fragestellungen der analytischen Geometrie, insbesondere bei der Untersuchung von Lagebeziehungen, eine große Rolle.

Ein lineares Gleichungssystem (LGS) besitzt die folgende Form:

$$a_{11}x_1 + a_{12}x_2 + \dots + a_{1n}x_n = b_1$$
$$a_{21}x_1 + a_{22}x_2 + \dots + a_{2n}x_n = b_2$$
$$\vdots \qquad \vdots \qquad \vdots \qquad \vdots \qquad \vdots \qquad \vdots$$
$$a_{m1}x_1 + a_{m2}x_2 + \dots + a_{mn}x_n = b_m$$

Sind alle b_i für $i = 1, \dots, m$ gleich null, so spricht man von einem homo-
genen LGS, ansonsten von einem inhomogenen LGS.

1.1 Lösung linearer Gleichungssysteme

Ein lineares Gleichungssystem löst man, indem man die Anzahl der
Zeilen und die Anzahl der Variablen stufenweise reduziert. Am Ende
erhält man dann eine eindeutige Lösung, keine Lösung oder unendlich
viele Lösungen.

1. I $-x_1 + x_2 - 2x_3 = -3$

   II $x_1 + x_2 + 2x_3 = 3$

   III $2x_1 - x_2 - x_3 = 2$

II' = II + I: $2x_2 = 0$ $\Leftrightarrow$ $x_2 = 0$

III' = III + 2·I: $x_2 - 5x_3 = -4$

$x_2 = 0$ in III': $0 - 5x_3 = -4$ $\Leftrightarrow$ $x_3 = 0{,}8$

$x_2 = 0$ und $x_3 = 0{,}8$ in I:

$-x_1 + 0 - 2 \cdot 0{,}8 = -3$ $\Leftrightarrow$ $x_1 = 1{,}4$

Das Gleichungssystem besitzt die eindeutige Lösung $(1{,}4 \mid 0 \mid 0{,}8)$.

2. I $\quad -x_1 + x_2 - 2x_3 = 3$
   II $\qquad\quad x_1 + x_2 = 1$
   III $\quad 2x_1 - x_2 + 3x_3 = 0$

   $I' = I + III: \qquad x_1 + x_3 = 3$
   $II' = II + III: \quad 3x_1 + 3x_3 = 1$

   $I'' = 3 \cdot I' - II': \quad 0 = 8$ (Widerspruch)

   Das Gleichungssystem hat keine Lösung.

3. I $\quad -x_1 + x_2 - 2x_3 = -3$
   II $\qquad\quad x_1 + x_2 = -1$
   III $\quad 2x_1 - x_2 + 3x_3 = 4$

   $I' = I + III: \qquad x_1 + x_3 = 1$
   $II' = II + III: \quad 3x_1 + 3x_3 = 3$

   $II'' = II' - 3 \cdot I': \quad 0 = 0$ (wahre Aussage)

   I' auflösen nach x_1: $x_1 = 1 - x_3$

   Einsetzen in III:
   $$2(1 - x_3) - x_2 + 3x_3 = 4$$
   $$2 - 2x_3 - x_2 + 3x_3 = 4$$
   $$x_2 = x_3 - 2$$

   Das Gleichungssystem besitzt mit $(1 - x_3 \,|\, x_3 - 2 \,|\, x_3)$, $x_3 \in \mathbb{R}$ unendlich viele Lösungen.

 Bemerkung: Je nach Operator in der Aufgabenstellung kann das lineare Gleichungssystem auch mit einem GTR/CAS gelöst werden.

1.2 Lösung unterbestimmter Gleichungssysteme

Besitzt ein lineares Gleichungssystem weniger Gleichungen als Variablen, so liegt ein **unterbestimmtes Gleichungssystem** vor.

Das Gleichungssystem wird nach so vielen Variablen aufgelöst, wie Gleichungen vorhanden sind. Die anderen Variablen werden als Parameter aufgefasst und die Lösung in Abhängigkeit dieser Parameter angegeben.

$$I \quad x_1 + x_2 + 2x_3 = 12$$
$$II \quad 5x_1 - x_2 + x_3 = 6$$

$$I' = 5 \cdot I - II: \quad 6x_2 + 9x_3 = 54 \quad \Leftrightarrow \quad x_2 = 9 - 1,5x_3$$
$$II' = II + I: \quad 6x_1 + 3x_3 = 18 \quad \Leftrightarrow \quad x_1 = 3 - 0,5x_3$$

Mit $x_3 = r$ erhält man die Lösungen $(3 - 0,5r \,|\, 9 - 1,5r \,|\, r)$ mit $r \in \mathbb{R}$.

1.3 Lösung überbestimmter Gleichungssysteme

Besitzt ein Gleichungssystem mehr Gleichungen als Variablen, so handelt es sich um ein **überbestimmtes Gleichungssystem**.

Anhand so vieler Gleichungen, wie Variablen vorhanden sind, wird das Gleichungssystem gelöst. Anschließend wird mit den restlichen Gleichungen jeweils eine Probe durchgeführt. Ergeben sich wahre Aussagen, so geben die berechneten Variablen die Lösung des Gleichungssystems an, anderenfalls ist das Gleichungssystem nicht lösbar.

1. $I \quad x_1 - x_2 = -1$
   $II \quad -6x_1 = -6 \quad \Leftrightarrow \quad x_1 = 1$
   $III \quad 2x_1 + x_2 = 4$

   $x_1 = 1$ in I:
   $1 - x_2 = -1 \quad \Leftrightarrow \quad x_2 = 2$

   Probe mit III:
   $2 \cdot 1 + 2 = 4$ (wahre Aussage)

   Das Gleichungssystem besitzt die Lösung $(1 \,|\, 2)$.

2. $I \quad x_1 - x_2 = -1$
   $II \quad -6x_1 = -6 \quad \Leftrightarrow \quad x_1 = 1$
   $III \quad 2x_1 + x_2 = 5$

   $x_1 = 1$ in I:
   $1 - x_2 = -1 \quad \Leftrightarrow \quad x_2 = 2$

   Probe mit III:
   $2 \cdot 1 + 2 = 5$ (Widerspruch)

   Das Gleichungssystem ist nicht lösbar.

2 Punkte im Koordinatensystem

2.1 Punkte im Raum

Punkte im Raum werden in ein räumliches Koordinatensystem eingezeichnet. Hierbei stehen die x_2- und x_3-Achse senkrecht aufeinander. Die x_1-Achse wird in einem Winkel von 135° zu diesen Achsen gezeichnet. Die Einheiten auf der x_1-Achse sind um den Faktor $\frac{1}{2}\sqrt{2}$ gekürzt.

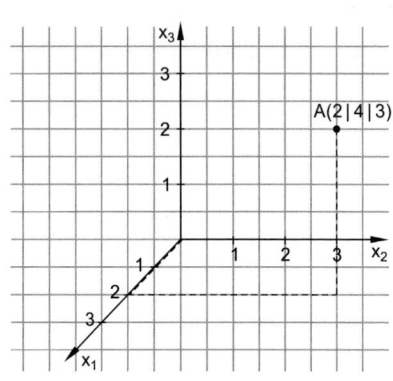

Zum Einzeichnen des Punktes $A(2\,|\,4\,|\,3)$ geht man vom Ursprung aus 2 Einheiten nach vorne, dann 4 Einheiten nach rechts und anschließend 3 Einheiten nach oben.

2.2 Abstand von zwei Punkten

Der Abstand $d(A;B)$ zweier Punkte $A(a_1\,|\,a_2\,|\,a_3)$ und $B(b_1\,|\,b_2\,|\,b_3)$ im Raum berechnet sich nach folgender Formel:

$$d(A;B) = \sqrt{(b_1 - a_1)^2 + (b_2 - a_2)^2 + (b_3 - a_3)^2}$$

Berechnen Sie den Abstand der Punkte $A(4\,|-8\,|-4)$ und $B(-4\,|\,0\,|\,10)$.

$$\begin{aligned}
d(A;B) &= \sqrt{(-4-4)^2 + (0-(-8))^2 + (10-(-4))^2} \\
&= \sqrt{(-8)^2 + 8^2 + 14^2} \\
&= \sqrt{324} = 18\,[\text{LE}]
\end{aligned}$$

3 Vektoren

Ein Vektor $\vec{u}$ ist durch seine Länge und seine Richtung festgelegt und kann anschaulich als Pfeil dargestellt werden.
Den Pfeil, der von A nach B verläuft, nennt man auch Verbindungsvektor; Bezeichnung: $\overrightarrow{AB}$
Einen Vektor, der den Ursprung mit einem Punkt A verbindet, nennt man Ortsvektor des Punktes A; Bezeichnung: $\vec{a}$

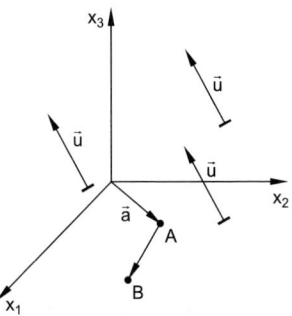

3.1 Rechnen mit Vektoren

Addition und Subtraktion
Zwei Vektoren $\vec{a}$ und $\vec{b}$ werden addiert bzw. subtrahiert, indem die einzelnen Koordinaten der Vektoren addiert bzw. subtrahiert werden:

$$\vec{a} + \vec{b} = \begin{pmatrix} a_1 \\ a_2 \\ a_3 \end{pmatrix} + \begin{pmatrix} b_1 \\ b_2 \\ b_3 \end{pmatrix} = \begin{pmatrix} a_1 + b_1 \\ a_2 + b_2 \\ a_3 + b_3 \end{pmatrix} \quad \text{bzw.} \quad \vec{a} - \vec{b} = \begin{pmatrix} a_1 \\ a_2 \\ a_3 \end{pmatrix} - \begin{pmatrix} b_1 \\ b_2 \\ b_3 \end{pmatrix} = \begin{pmatrix} a_1 - b_1 \\ a_2 - b_2 \\ a_3 - b_3 \end{pmatrix}$$

Skalare Multiplikation
Ein Vektor $\vec{a}$ wird mit einem Skalar $r \in \mathbb{R}$ multipliziert, indem jede Koordinate von $\vec{a}$ mit r multipliziert wird:

$$r \cdot \vec{a} = r \cdot \begin{pmatrix} a_1 \\ a_2 \\ a_3 \end{pmatrix} = \begin{pmatrix} r \cdot a_1 \\ r \cdot a_2 \\ r \cdot a_3 \end{pmatrix}$$

Spezialfall: $-1 \cdot \vec{a} = -\vec{a}$ wird als Gegenvektor von $\vec{a}$ bezeichnet.

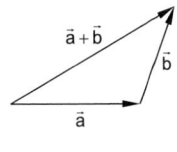

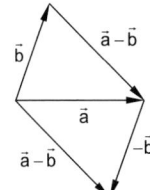

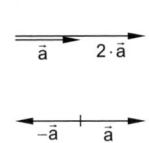

3.2 Linearkombination

Sind mehrere Vektoren $\vec{a}_1, \vec{a}_2, \ldots, \vec{a}_n$ gegeben, so nennt man die Summe $r_1 \cdot \vec{a}_1 + r_2 \cdot \vec{a}_2 + \ldots + r_n \cdot \vec{a}_n$ mit $r_i \in \mathbb{R}$ für $i = 1, 2, \ldots, n$ Linearkombination der Vektoren $\vec{a}_1, \vec{a}_2, \ldots, \vec{a}_n$.

3.3 Lineare (Un-)Abhängigkeit von Vektoren

Die Vektoren $\vec{a}_1, \ldots, \vec{a}_n$ sind voneinander linear abhängig, wenn sich mindestens einer dieser Vektoren als Linearkombination der anderen schreiben lässt. Andernfalls heißen die Vektoren linear unabhängig.

Zwei Vektoren $\vec{a}$ und $\vec{b}$ sind

- linear abhängig, wenn $\vec{a}$ ein skalares Vielfaches von $\vec{b}$ ist bzw. $\vec{a}$ und $\vec{b}$ parallel sind, d. h.:
  $\vec{a} = k \cdot \vec{b}$ mit $k \in \mathbb{R}$ bzw. $\vec{a} \parallel \vec{b}$
- linear unabhängig, wenn
  $\vec{a} \neq k \cdot \vec{b}$ mit $k \in \mathbb{R}$ bzw. $\vec{a} \nparallel \vec{b}$.

Zwei linear abhängige Vektoren bezeichnet man als kollinear.

Drei Vektoren $\vec{a}, \vec{b}$ und $\vec{c}$ sind

- linear abhängig, wenn sie alle in einer Ebene liegen.
- linear unabhängig, wenn sie den Raum $\mathbb{R}^3$ aufspannen.

Drei linear abhängige Vektoren bezeichnet man als komplanar.

3.4 Skalarprodukt

Das Skalarprodukt $\vec{a} \circ \vec{b}$ zweier Vektoren $\vec{a}$ und $\vec{b}$ ist eine Zahl und wird folgendermaßen berechnet:

$$\vec{a} \circ \vec{b} = \begin{pmatrix} a_1 \\ a_2 \\ a_3 \end{pmatrix} \circ \begin{pmatrix} b_1 \\ b_2 \\ b_3 \end{pmatrix} = a_1 b_1 + a_2 b_2 + a_3 b_3$$

Anwendungen des Skalarprodukts:

- Berechnung der Länge (des Betrags) eines Vektors $\vec{a}$:

$$|\vec{a}| = \sqrt{\vec{a} \circ \vec{a}} = \sqrt{a_1^2 + a_2^2 + a_3^2}$$

- Überprüfung, ob zwei Vektoren $\vec{a}$ und $\vec{b}$ senkrecht/orthogonal zueinander sind:

$$\vec{a} \perp \vec{b} \iff \vec{a} \circ \vec{b} = 0 \quad (\vec{a} \neq \vec{o}, \vec{b} \neq \vec{o})$$

- Berechnung des Winkels γ zwischen zwei Vektoren $\vec{a}$ und $\vec{b}$:

$$\cos \gamma = \frac{\vec{a} \circ \vec{b}}{|\vec{a}| \cdot |\vec{b}|} \quad (\vec{a} \neq \vec{o}, \vec{b} \neq \vec{o})$$

 1. Gegeben sind die Vektoren $\vec{a} = \begin{pmatrix} 2 \\ -4 \\ 4 \end{pmatrix}$ und $\vec{b} = \begin{pmatrix} 5 \\ 3 \\ -1 \end{pmatrix}$.

Berechnen Sie die Längen der Vektoren, das Skalarprodukt der Vektoren und den Winkel zwischen den Vektoren.

Längen:

$$|\vec{a}| = \sqrt{2^2 + (-4)^2 + 4^2} = \sqrt{36} = 6$$

$$|\vec{b}| = \sqrt{5^2 + 3^2 + (-1)^2} = \sqrt{35} \approx 5,92$$

Skalarprodukt:

$$\vec{a} \circ \vec{b} = \begin{pmatrix} 2 \\ -4 \\ 4 \end{pmatrix} \circ \begin{pmatrix} 5 \\ 3 \\ -1 \end{pmatrix} = 2 \cdot 5 + (-4) \cdot 3 + 4 \cdot (-1) = -6 \neq 0 \quad \Rightarrow \quad \vec{a} \not\perp \vec{b}$$

Winkel:

$$\cos \gamma = \frac{-6}{6 \cdot \sqrt{35}} = -\frac{1}{\sqrt{35}} \quad \Rightarrow \quad \gamma = \cos^{-1}\left(-\frac{1}{\sqrt{35}}\right) \approx 99,73°$$

2. Gegeben sind die Punkte A(8|2|0), B(10|5|1) und C(3|2|k). Bestimmen Sie den Parameter $k \in \mathbb{R}$ so, dass das Dreieck ABC bei A einen rechten Winkel besitzt.

Das Dreieck besitzt bei A einen rechten Winkel, wenn $\overrightarrow{AB} \circ \overrightarrow{AC} = 0$ gilt.

$$\overrightarrow{AB} = \begin{pmatrix} 2 \\ 3 \\ 1 \end{pmatrix}; \quad \overrightarrow{AC} = \begin{pmatrix} -5 \\ 0 \\ k \end{pmatrix}$$

$$\overrightarrow{AB} \circ \overrightarrow{AC} = 0 \iff \begin{pmatrix} 2 \\ 3 \\ 1 \end{pmatrix} \circ \begin{pmatrix} -5 \\ 0 \\ k \end{pmatrix} = -10 + k = 0 \quad \Rightarrow \quad k = 10$$

4 Geraden

4.1 Parameterform einer Geraden

Eine Gerade kann beschrieben werden durch eine Gleichung der Form:
g: $\vec{x} = \vec{a} + r \cdot \vec{u}$; $r \in \mathbb{R}$ (Parameterform)
Dabei heißt A Anbindungspunkt ($\vec{a}$ Stützvektor) der Geraden und $\vec{u}$
Richtungsvektor der Geraden.

Eine Gerade g wird eindeutig bestimmt durch:
- einen Punkt A und einen Vektor $\vec{u}$:
  g: $\vec{x} = \vec{a} + r \cdot \vec{u}$; $r \in \mathbb{R}$ (Punkt-Richtungs-Form)
- zwei Punkte A und B:
  g: $\vec{x} = \vec{a} + r \cdot \overrightarrow{AB}$; $r \in \mathbb{R}$ (Zwei-Punkte-Form)

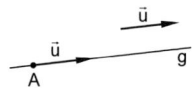

Parameterformen der Koordinatenachsen
Mit dem Koordinatenursprung als Anbindungspunkt und den Punkten
$P_1(1|0|0)$, $P_2(0|1|0)$ und $P_3(0|0|1)$ auf den Achsen erhält man als Parameterformen der Koordinatenachsen:

x_1-Achse: $\vec{x} = \begin{pmatrix} 0 \\ 0 \\ 0 \end{pmatrix} + r \cdot \begin{pmatrix} 1 \\ 0 \\ 0 \end{pmatrix} = \begin{pmatrix} r \\ 0 \\ 0 \end{pmatrix}$; $r \in \mathbb{R}$

x_2-Achse: $\vec{x} = \begin{pmatrix} 0 \\ 0 \\ 0 \end{pmatrix} + r \cdot \begin{pmatrix} 0 \\ 1 \\ 0 \end{pmatrix} = \begin{pmatrix} 0 \\ r \\ 0 \end{pmatrix}$; $r \in \mathbb{R}$

x_3-Achse: $\vec{x} = \begin{pmatrix} 0 \\ 0 \\ 0 \end{pmatrix} + r \cdot \begin{pmatrix} 0 \\ 0 \\ 1 \end{pmatrix} = \begin{pmatrix} 0 \\ 0 \\ r \end{pmatrix}$; $r \in \mathbb{R}$

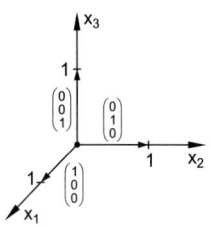

4.2 Halbgeraden und Strecken

Bei Halbgeraden und bei Strecken ist der Definitionsbereich des Parameters r eingeschränkt.

Für eine **Halbgerade** h mit dem Anfangspunkt A durch B gilt:
h: $\vec{x} = \vec{a} + r \cdot \overrightarrow{AB}$; $r \geq 0$

Für eine **Strecke** $\overline{AB}$ mit den Endpunkten A und B gilt:
$\overline{AB}$: $\vec{x} = \vec{a} + r \cdot \overrightarrow{AB}$; $0 \leq r \leq 1$

Die Gerade g sei durch die Punkte A(−1|6|2) und B(5|0|5) festgelegt. Untersuchen Sie, ob der Punkt P(6|−1|5,5) auf der Geraden g (auf der Halbgeraden h mit dem Anfangspunkt A durch B; auf der Strecke $\overline{AB}$) liegt.

Aufstellen der Geradengleichung:

$$g: \vec{x} = \vec{a} + r \cdot \overrightarrow{AB} = \begin{pmatrix} -1 \\ 6 \\ 2 \end{pmatrix} + r \cdot \left[\begin{pmatrix} 5 \\ 0 \\ 5 \end{pmatrix} - \begin{pmatrix} -1 \\ 6 \\ 2 \end{pmatrix} \right] = \begin{pmatrix} -1 \\ 6 \\ 2 \end{pmatrix} + r \cdot \begin{pmatrix} 6 \\ -6 \\ 3 \end{pmatrix}; \quad r \in \mathbb{R}$$

Ortsvektor von P in die Gleichung von g einsetzen (Punktprobe):

$$\begin{pmatrix} 6 \\ -1 \\ 5,5 \end{pmatrix} = \begin{pmatrix} -1 \\ 6 \\ 2 \end{pmatrix} + r \cdot \begin{pmatrix} 6 \\ -6 \\ 3 \end{pmatrix}$$

I $\quad 6 = -1 + 6r \quad \Leftrightarrow \quad 7 = 6r \quad \Leftrightarrow \quad r = \frac{7}{6}$

II $\quad -1 = 6 - 6r \quad \Leftrightarrow \quad -7 = -6r \quad \Leftrightarrow \quad r = \frac{7}{6}$

III $\quad 5,5 = 2 + 3r \quad \Leftrightarrow \quad 3,5 = 3r \quad \Leftrightarrow \quad r = \frac{7}{6}$

Da es einen Parameter r gibt, der die Vektorgleichung erfüllt, liegt der Punkt P auf der Geraden g (P ∈ g).

Da $r = \frac{7}{6} \geq 0$ ist, liegt der Punkt P auf der Halbgeraden h (P ∈ h).

Da $\frac{7}{6} \notin [0; 1]$ ist, liegt der Punkt P nicht auf der Strecke $\overline{AB}$ (P ∉ $\overline{AB}$).

 Teilungspunkt einer Strecke

Wird eine Strecke $\overline{AB}$ (von A ausgehend) im Verhältnis m : n geteilt, so gilt für den **Teilungspunkt** T:

$$\vec{t} = \vec{a} + \frac{m}{m + n} \cdot \overrightarrow{AB}$$

Insbesondere gilt für den **Mittelpunkt** M (Teilungsverhältnis 1 : 1) der Strecke $\overline{AB}$:

$$\vec{m} = \vec{a} + \frac{1}{2} \overrightarrow{AB} = \vec{a} + \frac{1}{2}(\vec{b} - \vec{a}) = \frac{1}{2}(\vec{a} + \vec{b})$$

Die Strecke $\overline{AB}$ mit A(4|2|0) und B(−4|10|14) wird von A ausgehend durch einen Punkt T im Verhältnis 3 : 1 geteilt. Bestimmen Sie die Koordinaten von T.

$$\vec{t} = \vec{a} + \frac{3}{4} \cdot \overrightarrow{AB} = \begin{pmatrix} 4 \\ 2 \\ 0 \end{pmatrix} + \frac{3}{4} \cdot \begin{pmatrix} -8 \\ 8 \\ 14 \end{pmatrix} = \begin{pmatrix} 4 \\ 2 \\ 0 \end{pmatrix} + \begin{pmatrix} -6 \\ 6 \\ 10,5 \end{pmatrix} = \begin{pmatrix} -2 \\ 8 \\ 10,5 \end{pmatrix}$$

5 Ebenen

5.1 Parameterform einer Ebene

Eine Ebene kann beschrieben werden durch eine Gleichung der Form
E: $\vec{x} = \vec{a} + r \cdot \vec{u} + s \cdot \vec{v}$ (Parameterform der Ebenengleichung),
wobei $\vec{u}$ und $\vec{v}$ nicht parallel, also linear unabhängig sind.
Dabei heißt A Anbindungspunkt ($\vec{a}$ Stützvektor) der Ebene, $\vec{u}$ und $\vec{v}$
heißen Spannvektoren der Ebene.

Eine Ebene E wird eindeutig bestimmt durch:

- einen Punkt A und zwei linear unabhängige Vektoren $\vec{u}$ und $\vec{v}$:
  E: $\vec{x} = \vec{a} + r \cdot \vec{u} + s \cdot \vec{v}$; $r, s \in \mathbb{R}$

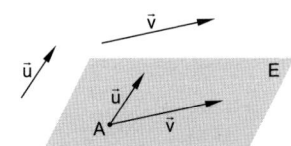

- drei Punkte A, B und C:
  E: $\vec{x} = \vec{a} + r \cdot \overrightarrow{AB} + s \cdot \overrightarrow{AC}$; $r, s \in \mathbb{R}$
  (Drei-Punkte-Form)

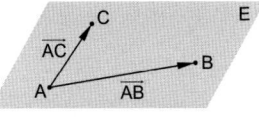

- eine Gerade g: $\vec{x} = \vec{a} + r \cdot \vec{u}$ und
  einen Punkt B $\notin$ g:
  E: $\vec{x} = \vec{a} + r \cdot \vec{u} + s \cdot \overrightarrow{AB}$; $r, s \in \mathbb{R}$

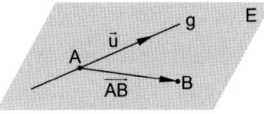

- zwei sich schneidende Geraden
  g: $\vec{x} = \vec{a} + r \cdot \vec{u}$ und h: $\vec{x} = \vec{b} + s \cdot \vec{v}$:
  E: $\vec{x} = \vec{a} + r \cdot \vec{u} + s \cdot \vec{v}$; $r, s \in \mathbb{R}$

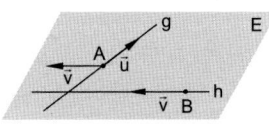

- zwei echt parallele Geraden
  g: $\vec{x} = \vec{a} + r \cdot \vec{u}$ und h: $\vec{x} = \vec{b} + s \cdot \vec{v}$:
  E: $\vec{x} = \vec{a} + r \cdot \vec{u} + s \cdot \overrightarrow{AB}$; $r, s \in \mathbb{R}$

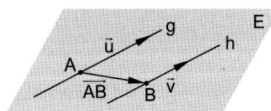

Parameterformen der Koordinatenebenen

Mit dem Koordinatenursprung als Anbindungspunkt und den Richtungsvektoren der Koordinatenachsen als Spannvektoren erhält man als Parameterformen der Koordinatenebenen:

x_1x_2-Ebene: $\vec{x} = \begin{pmatrix} 0 \\ 0 \\ 0 \end{pmatrix} + r \cdot \begin{pmatrix} 1 \\ 0 \\ 0 \end{pmatrix} + s \cdot \begin{pmatrix} 0 \\ 1 \\ 0 \end{pmatrix}; \quad r, s \in \mathbb{R}$

x_1x_3-Ebene: $\vec{x} = \begin{pmatrix} 0 \\ 0 \\ 0 \end{pmatrix} + r \cdot \begin{pmatrix} 1 \\ 0 \\ 0 \end{pmatrix} + s \cdot \begin{pmatrix} 0 \\ 0 \\ 1 \end{pmatrix}; \quad r, s \in \mathbb{R}$

x_2x_3-Ebene: $\vec{x} = \begin{pmatrix} 0 \\ 0 \\ 0 \end{pmatrix} + r \cdot \begin{pmatrix} 0 \\ 1 \\ 0 \end{pmatrix} + s \cdot \begin{pmatrix} 0 \\ 0 \\ 1 \end{pmatrix}; \quad r, s \in \mathbb{R}$

Durch Betrachtung der einzelnen Koordinatengleichungen dieser Parameterformen ergeben sich folgende Eigenschaften:

x_1x_2-Ebene: $\mathbf{x_3 = 0}$ $\qquad$ x_1x_3-Ebene: $\mathbf{x_2 = 0}$ $\qquad$ x_2x_3-Ebene: $\mathbf{x_1 = 0}$

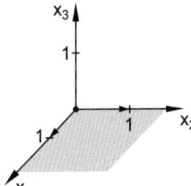 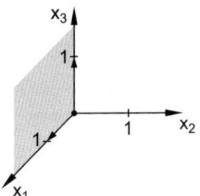 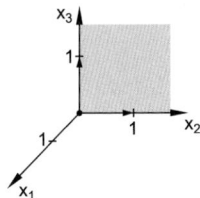

5.2 Normalenform / Koordinatenform einer Ebene (nur LK)

Ein Vektor $\vec{n} = \begin{pmatrix} n_1 \\ n_2 \\ n_3 \end{pmatrix}$, der senkrecht auf einer Ebene E steht, heißt

Normalenvektor der Ebene E. Damit lässt sich die Gleichung der Ebene, die den Punkt A enthält, in der Normalenform schreiben:

E: $\vec{n} \circ (\vec{x} - \vec{a}) = 0$ $\qquad$ (Punkt-Normalenform)

Ausmultiplizieren führt zu:

E: $\vec{n} \circ \vec{x} - \vec{n} \circ \vec{a} = 0$ $\qquad$ (Allgemeine Normalenform)

E: $\vec{n} \circ \vec{x} - d = 0$

bzw.

E: $n_1 x_1 + n_2 x_2 + n_3 x_3 = d$ $\qquad$ (Koordinatenform)

Normalenformen der Koordinatenebenen

Da die Richtungsvektoren der Koordinatenachsen aufeinander senkrecht stehen, eignen sich diese als Normalenvektoren der Koordinatenebenen. Für die Koordinatenebenen ergeben sich folgende Gleichungen in Normalenform:

x_1x_2-Ebene:

$$\begin{pmatrix} 0 \\ 0 \\ 1 \end{pmatrix} \circ \vec{x} = 0$$

x_1x_3-Ebene:

$$\begin{pmatrix} 0 \\ 1 \\ 0 \end{pmatrix} \circ \vec{x} = 0$$

x_2x_3-Ebene:

$$\begin{pmatrix} 1 \\ 0 \\ 0 \end{pmatrix} \circ \vec{x} = 0$$

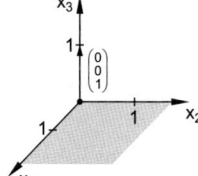
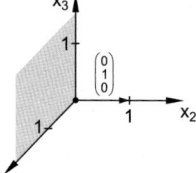
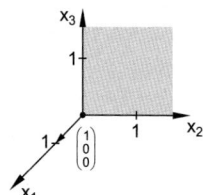

5.3 Umwandlung zwischen Parameterform und Normalenform/Koordinatenform (nur LK)

Parameterform → Normalenform/Koordinatenform

E: $\vec{x} = \vec{a} + r \cdot \vec{u} + s \cdot \vec{v}$; $r, s \in \mathbb{R}$

Vorgehensweise

Schritt 1: Der Normalenvektor $\vec{n}$ steht senkrecht auf den beiden Spannvektoren $\vec{u}$ und $\vec{v}$ der Ebene und wird über das Skalarprodukt berechnet:

$\vec{n} \circ \vec{u} = 0$ und $\vec{n} \circ \vec{v} = 0$

Schritt 2: Normalenform der Ebene mithilfe des Anbindungspunktes A (aus der Parameterform der Ebene) und des Normalenvektors $\vec{n}$ angeben und in Koordinatenform umschreiben:

E: $\vec{n} \circ (\vec{x} - \vec{a}) = 0$ (Normalenform)

bzw.

E: $n_1x_1 + n_2x_2 + n_3x_3 = d$ (Koordinatenform)

Wandeln Sie die Ebene E: $\vec{x} = \begin{pmatrix} 2 \\ -1 \\ 0 \end{pmatrix} + r \cdot \begin{pmatrix} 1 \\ 0 \\ -1 \end{pmatrix} + s \cdot \begin{pmatrix} 1 \\ 1 \\ 1 \end{pmatrix}$; $r, s \in \mathbb{R}$ in Koordinatenform um.

Schritt 1:

I $\quad \vec{n} \circ \vec{u} = 0 \quad \Leftrightarrow \quad \begin{pmatrix} n_1 \\ n_2 \\ n_3 \end{pmatrix} \circ \begin{pmatrix} 1 \\ 0 \\ -1 \end{pmatrix} = 0 \quad \Leftrightarrow \quad n_1 - n_3 = 0$

II $\quad \vec{n} \circ \vec{v} = 0 \quad \Leftrightarrow \quad \begin{pmatrix} n_1 \\ n_2 \\ n_3 \end{pmatrix} \circ \begin{pmatrix} 1 \\ 1 \\ 1 \end{pmatrix} = 0 \quad \Leftrightarrow \quad n_1 + n_2 + n_3 = 0$

I + II: $2n_1 + n_2 = 0 \quad \Leftrightarrow \quad n_2 = -2n_1$

Wählen Sie z. B. $n_1 = 1 \quad \Rightarrow \quad n_2 = -2, \ n_3 = 1 \quad \Rightarrow \quad \vec{n} = \begin{pmatrix} 1 \\ -2 \\ 1 \end{pmatrix}$

Schritt 2:

E: $\begin{pmatrix} 1 \\ -2 \\ 1 \end{pmatrix} \circ \vec{x} - \begin{pmatrix} 1 \\ -2 \\ 1 \end{pmatrix} \circ \begin{pmatrix} 2 \\ -1 \\ 0 \end{pmatrix} = 0 \quad \Leftrightarrow \quad$ E: $x_1 - 2x_2 + x_3 = 4$

 Bemerkung: GTR/CAS verfügen über Befehle, mit denen der Normalenvektor auch direkt bestimmt werden kann.

Normalenform / Koordinatenform → Parameterform

Vorgehensweise 1

Schritt 1: Bestimmen von drei Punkten der Ebene, die nicht auf einer Geraden liegen

Schritt 2: Aufstellen der Drei-Punkte-Form der Ebenengleichung

Bemerkung: Günstig ist es, wenn möglich, die Schnittpunkte der Ebene mit den Koordinatenachsen zu wählen, da hier sichergestellt ist, dass die Punkte nicht auf einer Geraden liegen.

Vorgehensweise 2

Schritt 1: Normalenform nach einer Koordinate auflösen, z. B. x_3

Schritt 2: Die zwei freien Koordinaten mit Parametern besetzen, z. B.: $x_1 = r$ und $x_2 = s$; $r, s \in \mathbb{R}$

Schritt 3: Gleichung der Ebene E in Parameterform schreiben:

E: $\vec{x} = \begin{pmatrix} x_1 \\ x_2 \\ x_3 \end{pmatrix} = \vec{a} + r \cdot \vec{u} + s \cdot \vec{v}$; $r, s \in \mathbb{R}$

Wandeln Sie die Ebene E: $7x_1 + 4x_2 - x_3 + 11 = 0$ in Parameterform um.

Vorgehensweise 1

Schritt 1:

$A(0|0|11)$, $B\left(-\frac{11}{7}\,\middle|\,0\,\middle|\,0\right)$, $C\left(0\,\middle|\,-\frac{11}{4}\,\middle|\,0\right)$

Schritt 2:

E: $\vec{x} = \vec{a} + r' \cdot \overrightarrow{AB} + s' \cdot \overrightarrow{AC}$

$$= \begin{pmatrix} 0 \\ 0 \\ 11 \end{pmatrix} + r' \cdot \begin{pmatrix} -\frac{11}{7} \\ 0 \\ -11 \end{pmatrix} + s' \cdot \begin{pmatrix} 0 \\ -\frac{11}{4} \\ -11 \end{pmatrix}$$

$$= \begin{pmatrix} 0 \\ 0 \\ 11 \end{pmatrix} + r \cdot \begin{pmatrix} 1 \\ 0 \\ 7 \end{pmatrix} + s \cdot \begin{pmatrix} 0 \\ 1 \\ 4 \end{pmatrix}; \quad r', s', r, s \in \mathbb{R}$$

Vorgehensweise 2

Schritt 1:

$7x_1 + 4x_2 - x_3 + 11 = 0 \iff x_3 = 11 + 7x_1 + 4x_2$

Schritt 2:

$x_1 = r$ und $x_2 = s$; $r, s \in \mathbb{R} \implies x_3 = 11 + 7r + 4s$

Schritt 3:

E: $\vec{x} = \begin{pmatrix} x_1 \\ x_2 \\ x_3 \end{pmatrix} = \begin{pmatrix} r \\ s \\ 11 + 7r + 4s \end{pmatrix}$

$$= \begin{pmatrix} 0 + r + 0 \\ 0 + 0 + s \\ 11 + 7r + 4s \end{pmatrix}$$

$$= \begin{pmatrix} 0 \\ 0 \\ 11 \end{pmatrix} + r \cdot \begin{pmatrix} 1 \\ 0 \\ 7 \end{pmatrix} + s \cdot \begin{pmatrix} 0 \\ 1 \\ 4 \end{pmatrix}; \quad r, s \in \mathbb{R}$$

6 Projektionen

Zentralprojektion
Bei der Zentralprojektion gehen die Projektionsstrahlen von einem festen Punkt L aus, berühren die Ecken und Kanten eines Körpers, treffen dann auf die Projektionsebene und bilden dort den Gegenstand ab.

Parallelprojektion
Bei der Parallelprojektion verlaufen die Projektionsstrahlen parallel zueinander, berühren die Ecken und Kanten eines Körpers, treffen dann auf die Projektionsebene und bilden dort den Gegenstand ab. Ein Sonderfall der Parallelprojektion ist die senkrechte Parallelprojektion, bei der die Projektionsstrahlen senkrecht auf die Projektionsfläche treffen.

1. Bestimmen Sie die Lage des Schattens des Punktes $A(2,5 \mid 2,5 \mid 5)$, der durch den Vektor $\vec{v} = \begin{pmatrix} 3 \\ -1 \\ -5 \end{pmatrix}$ auf der x_1x_2-Ebene entsteht.

Aufstellen der Projektionsgeraden durch den Punkt A:

$$g_A: \vec{x} = \vec{a} + r \cdot \vec{v} = \begin{pmatrix} 2,5 \\ 2,5 \\ 5 \end{pmatrix} + r \cdot \begin{pmatrix} 3 \\ -1 \\ -5 \end{pmatrix}; \quad r \in \mathbb{R}$$

Alle Punkte der x_1x_2-Ebene haben die Eigenschaft: $x_3 = 0$
Durch Nullsetzen der dritten Koordinate von g_A erhält man:
$$5 - 5r = 0 \quad \Leftrightarrow \quad r = 1 \quad \Rightarrow \quad A'(5,5 \mid 1,5 \mid 0)$$

2. Bestimmen Sie jeweils die Lage des Schattens der Punkte $B(0 \mid 5 \mid 5)$ und $C(2 \mid 1 \mid 5)$, der ausgehend vom Punkt $L(8 \mid 5 \mid 7)$ auf der x_2x_3-Ebene entsteht.

Der Punkt B ist ein Punkt der x_2x_3-Ebene und behält bei der Projektion in die x_2x_3-Ebene die Lage bei (Fixpunkt).
Der von L ausgehende Lichtstrahl durch den Punkt C hat die Gleichung:

$$g_{LC}: \vec{x} = \vec{\ell} + s \cdot \overrightarrow{LC} = \begin{pmatrix} 8 \\ 5 \\ 7 \end{pmatrix} + s \cdot \begin{pmatrix} -6 \\ -4 \\ -2 \end{pmatrix}; \quad s \geq 0$$

Alle Punkte der x_2x_3-Ebene haben die Eigenschaft: $x_1 = 0$
Durch Nullsetzen der ersten Koordinate von g_{LC} erhält man:
$$8 - 6s = 0 \quad \Leftrightarrow \quad s = \frac{4}{3} \quad \Rightarrow \quad C'\left(0 \mid -\frac{1}{3} \mid \frac{13}{3}\right)$$

7 Lagebeziehungen zwischen geometrischen Objekten

7.1 Lage eines Punktes zu einer Fläche

Liegt ein Punkt P in der Ebene, die ausgehend vom Punkt A durch die Vektoren $\vec{u}$ und $\vec{v}$ aufgespannt wird, gilt $\vec{p} = \vec{a} + r \cdot \vec{u} + s \cdot \vec{v}$ mit $r, s \in \mathbb{R}$.

- Der Punkt P liegt dann in dem von A aus durch $\vec{u}$ und $\vec{v}$ aufgespannten Parallelogramm, wenn $0 \le r \le 1$ und $0 \le s \le 1$ gilt.

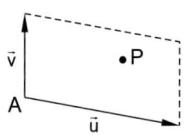

- Der Punkt P liegt dann in dem von A aus durch $\vec{u}$ und $\vec{v}$ aufgespannten Dreieck, wenn $r, s \ge 0$ und $r + s \le 1$ gilt.

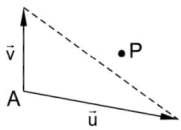

Gegeben sind die Punkte $P(1\,|\,3\,|\,2,5)$ und $A(0\,|\,0\,|\,0)$ sowie die Vektoren $\vec{u} = \begin{pmatrix} 3 \\ 6 \\ 3 \end{pmatrix}$ und $\vec{v} = \begin{pmatrix} -2 \\ -2 \\ 1 \end{pmatrix}$.

Überprüfen Sie, ob P innerhalb des von A aus durch die Vektoren $\vec{u}$ und $\vec{v}$ aufgespannten Parallelogramms (Dreiecks) liegt.

Einsetzen des Ortsvektors von P in die Parameterform der Ebene, die ausgehend von A durch $\vec{u}$ und $\vec{v}$ aufgespannt wird:

$$\begin{pmatrix} 1 \\ 3 \\ 2,5 \end{pmatrix} = \begin{pmatrix} 0 \\ 0 \\ 0 \end{pmatrix} + r \cdot \begin{pmatrix} 3 \\ 6 \\ 3 \end{pmatrix} + s \cdot \begin{pmatrix} -2 \\ -2 \\ 1 \end{pmatrix}$$

I $\qquad 1 = 3r - 2s$

II $\qquad 3 = 6r - 2s$

III $\qquad 2,5 = 3r + s$

III − I: $\qquad 1,5 = 3s \quad \Leftrightarrow \quad s = \frac{1}{2}$

$s = \frac{1}{2}$ in I: $\qquad 1 = 3r - 1 \quad \Leftrightarrow \quad r = \frac{2}{3}$

Probe mit II: $3 = 6 \cdot \frac{2}{3} - 2 \cdot \frac{1}{2}$ (wahre Aussage)

P liegt in dem Parallelogramm, da $0 \le r = \frac{2}{3} \le 1$ und $0 \le s = \frac{1}{2} \le 1$.

P liegt außerhalb des Dreiecks, da $r + s = \frac{2}{3} + \frac{1}{2} = \frac{7}{6} > 1$.

7.2 Lage zweier Geraden

Für die gegenseitige Lage zweier Geraden g: $\vec{x} = \vec{a} + r \cdot \vec{u}$; $r \in \mathbb{R}$ und
h: $\vec{x} = \vec{b} + s \cdot \vec{v}$; $s \in \mathbb{R}$ gibt es vier verschiedene Möglichkeiten:

- g und h schneiden sich in einem Punkt.
- g und h verlaufen (echt) parallel.
- g und h sind identisch.
- g und h verlaufen windschief zueinander.

Schema zur rechnerischen Untersuchung der Lagebeziehung:

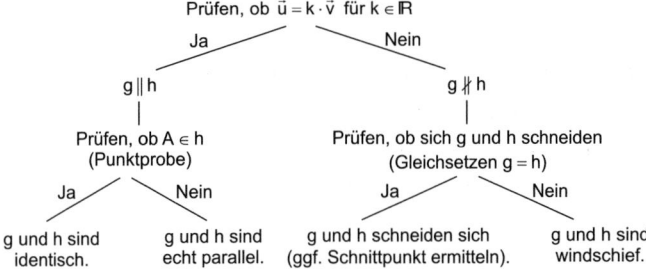

 Untersuchen Sie die Lagebeziehung der beiden Geraden

g: $\vec{x} = \begin{pmatrix} 2 \\ 1 \\ 5 \end{pmatrix} + r \cdot \begin{pmatrix} 1 \\ -2 \\ 1 \end{pmatrix}$; $r \in \mathbb{R}$ und h: $\vec{x} = \begin{pmatrix} -8 \\ 1 \\ 3 \end{pmatrix} + s \cdot \begin{pmatrix} 3 \\ 4 \\ -1 \end{pmatrix}$; $s \in \mathbb{R}$

und bestimmen Sie gegebenenfalls die Koordinaten des Schnittpunktes.

Schritt 1: Prüfen, ob die beiden Geraden parallel sind, also ob $\vec{u} = k \cdot \vec{v}$
für ein $k \in \mathbb{R}$

$$\begin{pmatrix} 1 \\ -2 \\ 1 \end{pmatrix} = k \cdot \begin{pmatrix} 3 \\ 4 \\ -1 \end{pmatrix}$$

I $\quad 1 = 3k \quad \Leftrightarrow \quad k = \frac{1}{3}$

II $\quad -2 = 4k \quad \Leftrightarrow \quad k = -\frac{1}{2}$ $\Big\}$ Widerspruch

III $\quad 1 = -k \quad \Leftrightarrow \quad k = -1$

$\Rightarrow$ g und h sind nicht parallel (g $\nparallel$ h).

Schritt 2: Prüfen, ob g und h einen Schnittpunkt besitzen
g und h gleichsetzen und das resultierende (überbestimmte) lineare
Gleichungssystem auf Lösbarkeit untersuchen:

$$\begin{pmatrix} 2 \\ 1 \\ 5 \end{pmatrix} + r \cdot \begin{pmatrix} 1 \\ -2 \\ 1 \end{pmatrix} = \begin{pmatrix} -8 \\ 1 \\ 3 \end{pmatrix} + s \cdot \begin{pmatrix} 3 \\ 4 \\ -1 \end{pmatrix}$$

I $\quad 2 + r = -8 + 3s$

II $\quad 1 - 2r = 1 + 4s$

III $\quad 5 + r = 3 - s$

III − I: $\quad 3 = 11 - 4s \qquad \Leftrightarrow \quad 4s = 8 \qquad \Leftrightarrow \quad s = 2$

s = 2 in I: $\quad 2 + r = -8 + 3 \cdot 2 \quad \Leftrightarrow \quad 2 + r = -2 \quad \Leftrightarrow \quad r = -4$

Probe mit II:

$1 - 2 \cdot (-4) = 1 + 4 \cdot 2 \quad \Leftrightarrow \quad 9 = 9 \quad$ (wahre Aussage)

$\Rightarrow$ g und h schneiden sich.

Schritt 3: Berechnen der Koordinaten des Schnittpunktes S
Einsetzen von r = −4 in die Gleichung von g (oder s = 2 in h):

$$\vec{s} = \begin{pmatrix} 2 \\ 1 \\ 5 \end{pmatrix} - 4 \cdot \begin{pmatrix} 1 \\ -2 \\ 1 \end{pmatrix} = \begin{pmatrix} -2 \\ 9 \\ 1 \end{pmatrix} \quad \Rightarrow \quad S(-2|9|1)$$

 Erlaubt der Operator in der Aufgabenstellung den Einsatz eines GTR/
CAS, bietet es sich an, die Geradengleichungen direkt gleichzusetzen
und im ersten Schritt bereits das resultierende (überbestimmte) lineare
Gleichungssystem zu lösen. Hieraus ergibt sich das folgende alternati-
ve Schema zur Untersuchung der Lagebeziehung:

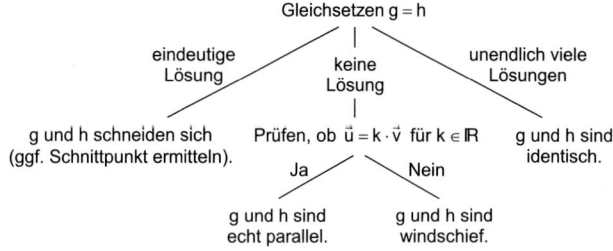

Bemerkung: Ist der Rechnereinsatz nicht erlaubt, sollte wegen des
möglicherweise deutlich geringeren Rechenaufwands nach dem ersten
Schema verfahren werden.

Schnittwinkel zwischen zwei Geraden

Der Schnittwinkel α zweier sich schneiden-
der Geraden entspricht dem spitzen Winkel
zwischen ihren Richtungsvektoren $\vec{u}$ und $\vec{v}$:

$$\cos\alpha = \frac{|\vec{u} \circ \vec{v}|}{|\vec{u}| \cdot |\vec{v}|} \qquad (0° \le \alpha \le 90°)$$

Bestimmen Sie den Schnittwinkel α zwischen den Geraden

$$g: \vec{x} = \begin{pmatrix} 2 \\ 1 \\ 5 \end{pmatrix} + r \cdot \begin{pmatrix} 1 \\ -2 \\ 1 \end{pmatrix}; \ r \in \mathbb{R} \quad \text{und} \quad h: \vec{x} = \begin{pmatrix} -8 \\ 1 \\ 3 \end{pmatrix} + s \cdot \begin{pmatrix} 3 \\ 4 \\ -1 \end{pmatrix}; \ s \in \mathbb{R}.$$

$$\cos\alpha = \frac{\left| \begin{pmatrix} 1 \\ -2 \\ 1 \end{pmatrix} \circ \begin{pmatrix} 3 \\ 4 \\ -1 \end{pmatrix} \right|}{\left| \begin{pmatrix} 1 \\ -2 \\ 1 \end{pmatrix} \right| \cdot \left| \begin{pmatrix} 3 \\ 4 \\ -1 \end{pmatrix} \right|} = \frac{|3 - 8 - 1|}{\sqrt{1^2 + (-2)^2 + 1^2} \cdot \sqrt{3^2 + 4^2 + (-1)^2}} = \frac{6}{\sqrt{6} \cdot \sqrt{26}} = \frac{\sqrt{6}}{\sqrt{26}}$$

$\Rightarrow \quad \alpha \approx 61,29°$

Bemerkung: Beachten Sie, dass im Gegensatz zum Schnittwinkel zwischen zwei Geraden der Schnittwinkel zwischen Vektoren, z. B. bei
der Berechnung der Innenwinkel im Dreieck, größer als 90° sein kann.

7.3 Lage einer Geraden zu einer Ebene

Für die gegenseitige Lage einer Geraden g zu einer Ebene E gibt es
drei verschiedene Möglichkeiten:

- g und E schneiden sich in einem Punkt.
- g und E verlaufen (echt) parallel.
- g liegt (vollständig) in der Ebene E.

Lage einer Geraden zu einer Ebene in Parameterform

$$g: \vec{x} = \vec{a} + r \cdot \vec{u}; \ r \in \mathbb{R} \quad \text{und} \quad E: \vec{x} = \vec{b} + s \cdot \vec{v} + t \cdot \vec{w}; \ s, t \in \mathbb{R}$$

In diesem Fall ist es unabhängig davon, ob der Einsatz eines GTR/CAS
erlaubt ist oder nicht, sinnvoll, die Geraden- und die Ebenengleichung
direkt gleichzusetzen. Mithilfe der Lösung des resultierenden linearen
Gleichungssystems kann dann eine Aussage über die Lagebeziehung
von Gerade und Ebene getroffen werden.

Schema zur Untersuchung der Lagebeziehung:

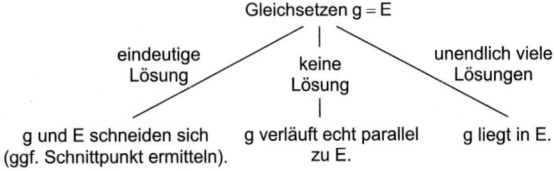

Gleichsetzen g = E

eindeutige Lösung   keine Lösung   unendlich viele Lösungen

g und E schneiden sich (ggf. Schnittpunkt ermitteln).   g verläuft echt parallel zu E.   g liegt in E.

Spurpunkte

Als **Spurpunkte einer Geraden** bezeichnet man die Schnittpunkte der Geraden mit den Koordinatenebenen.

Die **Spurpunkte einer Ebene** sind die Schnittpunkte der Ebene mit den Koordinatenachsen.

Bestimmen Sie die Spurpunkte der Ebene E mit der Gleichung

$$E: \vec{x} = \begin{pmatrix} 0 \\ 1 \\ 0 \end{pmatrix} + s \cdot \begin{pmatrix} -2 \\ 1 \\ 0 \end{pmatrix} + t \cdot \begin{pmatrix} 0 \\ 0 \\ 1 \end{pmatrix}; \ s, t \in \mathbb{R}.$$

Spurpunkt mit der x_1-Achse:

$$r \cdot \begin{pmatrix} 1 \\ 0 \\ 0 \end{pmatrix} = \begin{pmatrix} 0 \\ 1 \\ 0 \end{pmatrix} + s \cdot \begin{pmatrix} -2 \\ 1 \\ 0 \end{pmatrix} + t \cdot \begin{pmatrix} 0 \\ 0 \\ 1 \end{pmatrix}$$

I $r = -2s$

II $0 = 1 + s \ \Leftrightarrow \ s = -1$

III $0 = t \quad\quad \Leftrightarrow \ t = 0$

Mit $s = -1$ folgt aus I: $r = 2$

Das lineare Gleichungssystem besitzt eine eindeutige Lösung.

$\Rightarrow$ E schneidet die x_1-Achse im Spurpunkt $S_1(2 \,|\, 0 \,|\, 0)$.

Spurpunkt mit der x_2-Achse:

$$r \cdot \begin{pmatrix} 0 \\ 1 \\ 0 \end{pmatrix} = \begin{pmatrix} 0 \\ 1 \\ 0 \end{pmatrix} + s \cdot \begin{pmatrix} -2 \\ 1 \\ 0 \end{pmatrix} + t \cdot \begin{pmatrix} 0 \\ 0 \\ 1 \end{pmatrix}$$

I $0 = -2s \ \Leftrightarrow \ s = 0$

II $r = 1 + s$

III $0 = t \quad\quad \Leftrightarrow \ t = 0$

Mit $s = 0$ folgt aus II: $r = 1$

Das lineare Gleichungssystem besitzt eine eindeutige Lösung.

$\Rightarrow$ E schneidet die x_2-Achse im Spurpunkt $S_2(0 \,|\, 1 \,|\, 0)$.

Spurpunkt mit der x_3-Achse:

$$r \cdot \begin{pmatrix} 0 \\ 0 \\ 1 \end{pmatrix} = \begin{pmatrix} 0 \\ 1 \\ 0 \end{pmatrix} + s \cdot \begin{pmatrix} -2 \\ 1 \\ 0 \end{pmatrix} + t \cdot \begin{pmatrix} 0 \\ 0 \\ 1 \end{pmatrix}$$

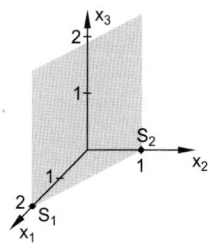

$$\left.\begin{array}{l} \text{I} \quad 0 = -2s \iff s = 0 \\ \text{II} \quad 0 = 1 + s \iff s = -1 \\ \end{array}\right\} \text{Widerspruch}$$
$$\text{III} \quad r = t$$

Aufgrund des Widerspruchs besitzt das lineare Gleichungssystem keine Lösung.

$\Rightarrow$ Die x_3-Achse verläuft parallel zu E.

Lage einer Geraden zu einer Ebene in Koordinatenform (nur LK)

g: $\vec{x} = \vec{a} + r \cdot \vec{u}$; $r \in \mathbb{R}$ und E: $n_1 x_1 + n_2 x_2 + n_3 x_3 = d$

Schema zur Untersuchung der Lagebeziehung:

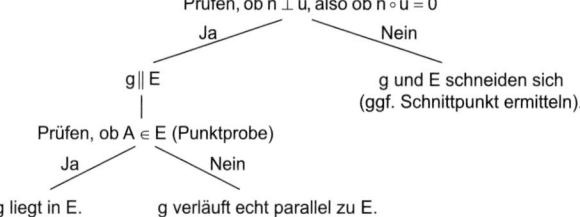

 Gegeben sind die Gerade g: $\vec{x} = \begin{pmatrix} 2 \\ -4 \\ 2 \end{pmatrix} + r \cdot \begin{pmatrix} 6 \\ 3 \\ -5 \end{pmatrix}$; $r \in \mathbb{R}$ und die Ebene
E: $x_1 - 2x_2 = 2$.
Untersuchen Sie die Lagebeziehung der Geraden g zur Ebene E und ermitteln Sie gegebenenfalls die Koordinaten des Schnittpunktes.

Schritt 1: Prüfen, ob die Gerade und die Ebene parallel sind, d. h., ob der Normalenvektor von E und der Richtungsvektor von g senkrecht zueinander stehen, also ob $\vec{n} \circ \vec{u} = 0$

$$\vec{n} \circ \vec{u} = \begin{pmatrix} 1 \\ -2 \\ 0 \end{pmatrix} \circ \begin{pmatrix} 6 \\ 3 \\ -5 \end{pmatrix} = 6 - 6 + 0 = 0$$

$\Rightarrow$ g und E verlaufen parallel zueinander (g $\parallel$ E).

Schritt 2: Prüfen, ob g und E echt parallel sind oder g in E liegt
Einsetzen der Koordinaten des Anbindungspunktes von g in die Gleichung von E:

$2 - 2 \cdot (-4) = 2 \iff 10 = 2$ Widerspruch

$\Rightarrow$ g verläuft echt parallel zu E.

Schnittwinkel zwischen Gerade und Ebene (nur LK)
Der Schnittwinkel α zwischen einer Geraden und einer Ebene, die sich schneiden, entspricht dem Komplementärwinkel des spitzen Winkels zwischen Normalenvektor $\vec{n}$ und Richtungsvektor $\vec{u}$:

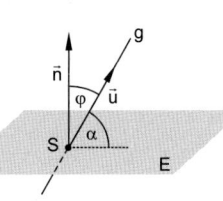

$$\cos\varphi = \frac{|\vec{n} \circ \vec{u}|}{|\vec{n}| \cdot |\vec{u}|} \quad \text{und} \quad \alpha = 90° - \varphi$$

oder $\quad \sin\alpha = \frac{|\vec{n} \circ \vec{u}|}{|\vec{n}| \cdot |\vec{u}|}$

Bestimmen Sie den Schnittwinkel α zwischen der Geraden

g: $\vec{x} = \begin{pmatrix} 2 \\ -4 \\ 2 \end{pmatrix} + r \cdot \begin{pmatrix} 0 \\ 2 \\ 1 \end{pmatrix}$; $r \in \mathbb{R}$ und der Ebene E: $x_1 - 2x_2 = 2$.

$$\cos\varphi = \frac{\left| \begin{pmatrix} 1 \\ -2 \\ 0 \end{pmatrix} \circ \begin{pmatrix} 0 \\ 2 \\ 1 \end{pmatrix} \right|}{\left| \begin{pmatrix} 1 \\ -2 \\ 0 \end{pmatrix} \right| \cdot \left| \begin{pmatrix} 0 \\ 2 \\ 1 \end{pmatrix} \right|} = \frac{|0 - 4 + 0|}{\sqrt{1^2 + (-2)^2 + 0^2} \cdot \sqrt{0^2 + 2^2 + 1^2}} = \frac{4}{5}$$

$\Rightarrow \quad \varphi \approx 36,87°$ und $\alpha = 90° - \varphi \approx 53,13°$

oder $\quad \sin\alpha = \frac{4}{5} \quad \Rightarrow \quad \alpha \approx 53,13°$

7.4 Lage zweier Ebenen (nur LK)

Für die gegenseitige Lage zweier Ebenen E und F gibt es drei verschiedene Möglichkeiten:

- E und F schneiden sich in einer Geraden.
- E und F verlaufen (echt) parallel.
- E und F sind identisch.

E: $\vec{x} = \vec{a} + r \cdot \vec{u} + s \cdot \vec{v}$; $r, s \in \mathbb{R}$ und F: $n_1 x_1 + n_2 x_2 + n_3 x_3 = d$

Schema zur Untersuchung der Lagebeziehung:

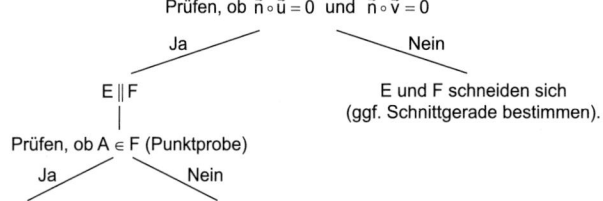

Prüfen, ob $\vec{n} \circ \vec{u} = 0$ und $\vec{n} \circ \vec{v} = 0$

Ja — Nein

E ∥ F

E und F schneiden sich
(ggf. Schnittgerade bestimmen).

Prüfen, ob A ∈ F (Punktprobe)

Ja — Nein

E und F sind identisch.   E und F sind echt parallel.

 Untersuchen Sie die Lagebeziehung der beiden Ebenen

E: $\vec{x} = \begin{pmatrix} 0 \\ 0 \\ 9 \end{pmatrix} + r \cdot \begin{pmatrix} 1 \\ 0 \\ -2 \end{pmatrix} + s \cdot \begin{pmatrix} 0 \\ 1 \\ -2 \end{pmatrix}$; $r, s \in \mathbb{R}$ und F: $x_1 + x_3 = 6$

und bestimmen Sie gegebenenfalls die Schnittgerade.

Schritt 1: Prüfen, ob die beiden Ebenen parallel sind, d. h., ob der Normalenvektor von F senkrecht auf den Spannvektoren von E steht, also ob $\vec{n} \circ \vec{u} = 0$ und $\vec{n} \circ \vec{v} = 0$

$$\vec{n} \circ \vec{u} = \begin{pmatrix} 1 \\ 0 \\ 1 \end{pmatrix} \circ \begin{pmatrix} 1 \\ 0 \\ -2 \end{pmatrix} = 1 - 2 = -1 \neq 0$$

$\Rightarrow$ E und F sind nicht parallel (E ∦ F).

$\Rightarrow$ E und F schneiden sich in einer Geraden.

Schritt 2: Ermitteln der Gleichung der Schnittgeraden s

Einsetzen der einzelnen Koordinaten von E in die Gleichung von F:

$$E: \vec{x} = \begin{pmatrix} x_1 \\ x_2 \\ x_3 \end{pmatrix} = \begin{pmatrix} 0 + r + 0 \\ 0 + 0 + s \\ 9 - 2r - 2s \end{pmatrix} \quad \text{in} \quad F: x_1 + x_3 = 6$$

$r + 9 - 2r - 2s = 6 \iff -r + 9 - 2s = 6 \iff r = 3 - 2s$

Einsetzen von $r = 3 - 2s$ in die Gleichung von E:

$$s: \vec{x} = \begin{pmatrix} 0 \\ 0 \\ 9 \end{pmatrix} + (3 - 2s) \cdot \begin{pmatrix} 1 \\ 0 \\ -2 \end{pmatrix} + s \cdot \begin{pmatrix} 0 \\ 1 \\ -2 \end{pmatrix}$$

$$= \begin{pmatrix} 0 \\ 0 \\ 9 \end{pmatrix} + \begin{pmatrix} 3 \\ 0 \\ -6 \end{pmatrix} + s \cdot \begin{pmatrix} -2 \\ 0 \\ 4 \end{pmatrix} + s \cdot \begin{pmatrix} 0 \\ 1 \\ -2 \end{pmatrix}$$

$$= \begin{pmatrix} 3 \\ 0 \\ 3 \end{pmatrix} + s \cdot \begin{pmatrix} -2 \\ 1 \\ 2 \end{pmatrix}; \quad s \in \mathbb{R}$$

Bemerkungen:
- Liegen beide Ebenen in Parameterform oder beide in Koordinatenform vor, kann eine der Ebenengleichungen umgewandelt werden.
- Wenn beide Ebenen in Koordinatenform gegeben sind, kann die Parallelität der Ebenen, die im ersten Schritt des Schemas überprüft wird, auch anhand der beiden Normalenvektoren untersucht werden: Die Ebenen sind parallel (E ∥ F), wenn die Normalenvektoren $\vec{n}$ und $\vec{m}$ der Ebenen Vielfache voneinander sind, also wenn $\vec{n} = k \cdot \vec{m}$ für ein $k \in \mathbb{R}$.
- Wenn beide Ebenen in Parameterform gegeben sind, können zur Untersuchung der Lagebeziehung die Ebenengleichungen gleichgesetzt werden. Da das Lösen des resultierenden (unterbestimmten) Gleichungssystems mit Rechenaufwand verbunden ist, ist der Einsatz eines GTR / CAS hier sinnvoll.

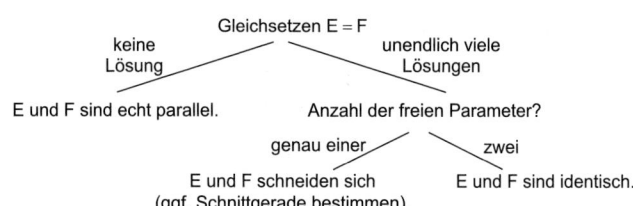

Gleichsetzen E = F

keine Lösung   unendlich viele Lösungen

E und F sind echt parallel.   Anzahl der freien Parameter?

genau einer   zwei

E und F schneiden sich (ggf. Schnittgerade bestimmen).   E und F sind identisch.

Spurgeraden

Die **Spurgeraden einer Ebene** sind die Schnittgeraden der Ebene mit den Koordinatenebenen.

Spurgeraden verbinden entweder zwei Spurpunkte der Ebene auf den Koordinatenachsen miteinander oder verlaufen durch einen Spurpunkt und parallel zu einer Koordinatenachse.

Schnittwinkel zwischen zwei Ebenen
Der Schnittwinkel α zweier Ebenen entspricht dem spitzen Winkel zwischen ihren Normalenvektoren $\vec{n}$ und $\vec{m}$:

$$\cos\alpha = \frac{|\vec{n} \circ \vec{m}|}{|\vec{n}| \cdot |\vec{m}|}$$

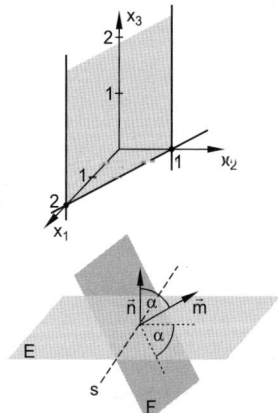

8 Abstände zwischen geometrischen Objekten (nur LK)

8.1 Abstand zu einer Ebene

Abstand Punkt – Ebene

Gegeben sind ein Punkt $P(p_1 \mid p_2 \mid p_3)$ und eine Ebene E in Koordinatenform:

E: $n_1 x_1 + n_2 x_2 + n_3 x_3 = d$

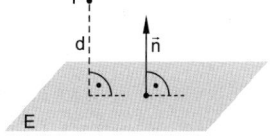

Vorgehensweise 1 (Lotfußpunktverfahren)

Schritt 1: Gleichung der Lotgeraden ℓ (mit dem Anbindungspunkt P und dem Richtungsvektor $\vec{n}$) aufstellen

ℓ: $\vec{x} = \vec{p} + r \cdot \vec{n}$; $r \in \mathbb{R}$

Schritt 2: Lotfußpunkt L als Schnittpunkt von ℓ und E bestimmen

Schritt 3: Abstand von P zu E als Abstand von P zu L berechnen

$d(P; E) = d(P; L) = \left| \overrightarrow{PL} \right|$

Vorgehensweise 2 (Abstandsformel)

$$d(P; E) = \frac{\left| n_1 p_1 + n_2 p_2 + n_3 p_3 - d \right|}{\left| \vec{n} \right|}$$

Die Berechnung des Abstands einer Geraden zu einer parallel verlaufenden Ebene bzw. zweier paralleler Ebenen lässt sich jeweils zurückführen auf die Berechnung des Abstands eines Punktes zu einer Ebene.

Abstand Gerade – Ebene

Der Abstand einer zur Ebene E parallel verlaufenden Geraden g zur Ebene E entspricht dem Abstand eines beliebigen Punktes P der Geraden zur Ebene:

$d(g; E) = d(P; E)$ mit $P \in g$ beliebig

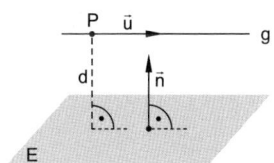

Abstand Ebene – Ebene
Der Abstand einer zur Ebene E parallel
verlaufenden Ebene F zur Ebene E entspricht dem Abstand eines beliebigen
Punktes P der Ebene F zur Ebene E:
$d(F; E) = d(P; E)$ mit $P \in F$ beliebig

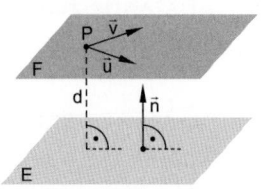

 Berechnen Sie den Abstand der beiden parallelen Ebenen

$E: -2x_1 + 2x_2 + x_3 = -9$ und $F: \vec{x} = \begin{pmatrix} 1 \\ 2 \\ 4 \end{pmatrix} + r \cdot \begin{pmatrix} 1 \\ 0 \\ 2 \end{pmatrix} + s \cdot \begin{pmatrix} 2 \\ 3 \\ -2 \end{pmatrix}$; $r, s \in \mathbb{R}$.

Der Abstand der parallelen Ebenen entspricht dem Abstand des Anbin-
dungspunktes $P(1 \,|\, 2 \,|\, 4)$ der Ebene F zur Ebene E.

Vorgehensweise 1:
Schritt 1: Gleichung der Lotgeraden ℓ aufstellen

$$\ell: \vec{x} = \begin{pmatrix} 1 \\ 2 \\ 4 \end{pmatrix} + t \cdot \begin{pmatrix} -2 \\ 2 \\ 1 \end{pmatrix}; \ t \in \mathbb{R}$$

Schritt 2: Lotfußpunkt L als Schnittpunkt von ℓ und E bestimmen
$$-2 \cdot (1 - 2t) + 2 \cdot (2 + 2t) + (4 + t) = -9$$
$$-2 + 4t + 4 + 4t + 4 + t = -9$$
$$9t = -15$$
$$t = -\frac{5}{3}$$

$$\Rightarrow \quad \vec{\ell} = \begin{pmatrix} 1 \\ 2 \\ 4 \end{pmatrix} - \frac{5}{3} \begin{pmatrix} -2 \\ 2 \\ 1 \end{pmatrix} = \frac{1}{3} \begin{pmatrix} 13 \\ -4 \\ 7 \end{pmatrix}$$

Schritt 3: Abstandsberechnung

$$d(F; E) = d(P; L) = \left| \overrightarrow{PL} \right| = \left| \frac{1}{3} \begin{pmatrix} 13 \\ -4 \\ 7 \end{pmatrix} - \begin{pmatrix} 1 \\ 2 \\ 4 \end{pmatrix} \right| = \left| \begin{pmatrix} \frac{10}{3} \\ -\frac{10}{3} \\ -\frac{5}{3} \end{pmatrix} \right|$$

$$= \sqrt{\frac{100}{9} + \frac{100}{9} + \frac{25}{9}} = \sqrt{25} = 5 \,[\text{LE}]$$

Vorgehensweise 2:
$$d(F; E) = d(P; E) = \frac{|-2 \cdot 1 + 2 \cdot 2 + 1 \cdot 4 + 9|}{\sqrt{(-2)^2 + 2^2 + 1^2}} = \frac{|15|}{\sqrt{9}} = \frac{15}{3} = 5 \,[\text{LE}]$$

8.2 Abstand eines Punktes zu einer Geraden

Der Abstand eines Punktes P zu einer Geraden g entspricht der Länge des Lotes, das von P auf die Gerade gefällt wird. Zur Bestimmung dieses Abstands ermittelt man den Lotfußpunkt.

Vorgehensweise 1

Schritt 1: Gleichung einer Hilfsebene H aufstellen, die den Punkt P enthält und senkrecht auf der Geraden g steht

$H: \vec{u} \circ (\vec{x} - \vec{p}) = 0$

Schritt 2: Lotfußpunkt L als Schnittpunkt von g und H berechnen

Schritt 3: Abstand von P zu g als Abstand von P zu L berechnen (Länge des Lotes)

$d(P; g) = d(P; L) = \left| \overrightarrow{PL} \right|$

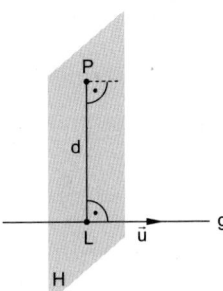

Vorgehensweise 2

Schritt 1: Verbindungsvektor $\overrightarrow{PL}$ aufstellen, wobei L zunächst ein allgemeiner Geradenpunkt von g ist (in Abhängigkeit von r)

Schritt 2: Parameter r aus der Bedingung $\overrightarrow{PL} \circ \vec{u} = 0$ bestimmen und Koordinaten des Lotfußpunktes L durch Einsetzen von r in die Gleichung von g berechnen

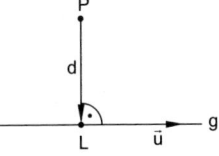

Schritt 3: Abstand von P zu g als Abstand von P zu L berechnen (Länge des Lotes)

$d(P; g) = d(P; L) = \left| \overrightarrow{PL} \right|$

 Bestimmen Sie den Abstand des Punktes $P(-6 \,|\, 2 \,|\, 5)$ zur Geraden

$g: \vec{x} = \begin{pmatrix} 0 \\ 2 \\ 2 \end{pmatrix} + r \cdot \begin{pmatrix} 2 \\ -2 \\ 1 \end{pmatrix}; \; r \in \mathbb{R}.$

Vorgehensweise 1

Schritt 1: Hilfsebene H aufstellen

$H: \begin{pmatrix} 2 \\ -2 \\ 1 \end{pmatrix} \circ \left(\vec{x} - \begin{pmatrix} -6 \\ 2 \\ 5 \end{pmatrix} \right) = 0 \quad \text{bzw.} \quad H: 2x_1 - 2x_2 + x_3 = -11$

Schritt 2: Lotfußpunkt L als Schnittpunkt von g und H berechnen

$2 \cdot (0 + 2r) - 2 \cdot (2 - 2r) + (2 + r) = -11$

$$4r - 4 + 4r + 2 + r = -11$$

$$9r = -9$$

$$r = -1$$

$$\Rightarrow \quad \vec{\ell} = \begin{pmatrix} 0 \\ 2 \\ 2 \end{pmatrix} + (-1) \cdot \begin{pmatrix} 2 \\ -2 \\ 1 \end{pmatrix} = \begin{pmatrix} -2 \\ 4 \\ 1 \end{pmatrix} \quad \Rightarrow \quad L(-2 \mid 4 \mid 1)$$

Schritt 3: Abstandsberechnung

$$d(P; g) = d(P; L) = \left| \overrightarrow{PL} \right| = \left| \begin{pmatrix} -2 \\ 4 \\ 1 \end{pmatrix} - \begin{pmatrix} -6 \\ 2 \\ 5 \end{pmatrix} \right| = \left| \begin{pmatrix} 4 \\ 2 \\ -4 \end{pmatrix} \right|$$

$$= \sqrt{4^2 + 2^2 + (-4)^2} = \sqrt{36} = 6 \, [\text{LE}]$$

Vorgehensweise 2

Schritt 1: Verbindungsvektor $\overrightarrow{PL}$ aufstellen

$$\overrightarrow{PL} = \begin{pmatrix} 0 + 2r \\ 2 - 2r \\ 2 + r \end{pmatrix} - \begin{pmatrix} -6 \\ 2 \\ 5 \end{pmatrix} = \begin{pmatrix} 6 + 2r \\ -2r \\ -3 + r \end{pmatrix}$$

Schritt 2: Parameter r bestimmen

$$\overrightarrow{PL} \circ \vec{u} = 0$$

$$\Leftrightarrow \quad \begin{pmatrix} 6 + 2r \\ -2r \\ -3 + r \end{pmatrix} \circ \begin{pmatrix} 2 \\ -2 \\ 1 \end{pmatrix} = 0$$

$$\Leftrightarrow \quad 12 + 4r + 4r - 3 + r = 0$$

$$\Leftrightarrow \quad 9r = -9$$

$$\Leftrightarrow \quad r = -1$$

Die weitere Rechnung erfolgt analog zu Vorgehensweise 1.

Abstand paralleler Geraden

Die Berechnung des Abstands zweier paralleler Geraden lasst sich zurückführen auf die Berechnung des Abstands eines Punktes zu einer Geraden.

Der Abstand zweier parallel verlaufender Geraden g und h entspricht dem Abstand eines beliebigen Punktes P der Geraden h zur Geraden g:

$d(h; g) = d(P; g)$ mit $P \in h$ beliebig

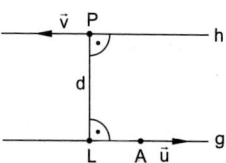

Stochastik

1 Grundlagen

Ergebnisraum und Ereignisse
Der Ergebnisraum Ω umfasst alle möglichen Ausgänge (Ergebnisse)
eines Zufallsexperiments. Die Anzahl der Elemente von Ω wird als
Mächtigkeit $|\Omega|$ bezeichnet.
Jede Teilmenge des Ergebnisraums beschreibt ein Ereignis. Ω selbst
heißt sicheres Ereignis (tritt auf jeden Fall ein), die leere Menge { }
unmögliches Ereignis (tritt nie ein). Ein einzelnes Ergebnis wird auch
als Elementarereignis bezeichnet.

Durch Verknüpfung einzelner Ereignisse (z. B. durch Bildung der
Schnitt- oder Vereinigungsmenge) entstehen neue Ereignisse als Teilmengen des Ergebnisraums.
Ausgehend von zwei Ereignissen A und B als Teilmengen eines Ergebnisraums Ω ergeben sich u. a. folgende weitere Ereignisse:

Gegenereignis $\overline{A}$
Das Gegenereignis $\overline{A}$ tritt genau dann ein,
wenn das Ereignis A nicht eintritt.

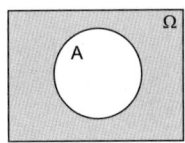

Schnittmenge $A \cap B$
A **und** B tritt genau dann ein, wenn sowohl A
als auch B eintritt.
Ist $A \cap B = \{\ \}$, so heißen die Ereignisse A und
B unvereinbar.

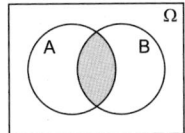

Vereinigungsmenge $A \cup B$
A **oder** B tritt genau dann ein, wenn mindestens
eines der beiden Ereignisse A, B eintritt.

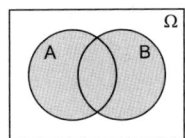

Absolute und relative Häufigkeit
Tritt bei einer n-fachen Durchführung eines Zufallsexperiments ein Ergebnis k-mal auf, so bezeichnet man den Wert k als **absolute Häufigkeit** des Ergebnisses.

Der Quotient $h = \frac{k}{n}$ heißt **relative Häufigkeit** des Ergebnisses. Für die relative Häufigkeit gilt $0 \leq h \leq 1$. Werden die relativen Häufigkeiten aller möglichen Ergebnisse addiert, so erhält man 1, also 100 %.

2 Wahrscheinlichkeitsberechnungen

2.1 Der Wahrscheinlichkeitsbegriff

Den einzelnen Elementen eines Ergebnisraums lassen sich Wahrscheinlichkeiten zuordnen. Die Wahrscheinlichkeit eines Ereignisses A wird mit P(A) bezeichnet.

Eigenschaften der Wahrscheinlichkeit
- $0 \leq P(A) \leq 1$ für jedes Ereignis A aus dem Ergebnisraum Ω
- $P(\Omega) = 1$ und $P(\{\}) = 0$
- $P(\overline{A}) = 1 - P(A)$ (Gegenwahrscheinlichkeit)
- $P(A \cup B) = P(A) + P(B) - P(A \cap B)$ (Additionssatz)

2.2 Laplace-Experimente, Laplace-Wahrscheinlichkeit

Ein Zufallsexperiment, bei dem alle Ergebnisse (Elementarereignisse) aus Ω gleich wahrscheinlich sind, heißt Laplace-Experiment.
Die Wahrscheinlichkeit eines Ereignisses A erhält man in diesem Fall, indem man die Mächtigkeit von A durch die Mächtigkeit von Ω teilt:

$$P(A) = \frac{|A|}{|\Omega|} = \frac{\text{Anzahl der für A günstigen Ergebnisse}}{\text{Anzahl aller möglichen Ergebnisse}}$$

In einer Urne liegen 20 Kugeln, die von 1 bis 20 beschriftet sind. Eine Kugel wird gezogen.

Bestimmen Sie den Ergebnisraum und dessen Mächtigkeit sowie die Ergebnismengen und die Wahrscheinlichkeiten für die Ereignisse A, B, A $\cap$ B und A $\cup$ B, wobei gilt:

A: Gerade Zahl gezogen.
B: Zahl kleiner als 10 gezogen.

$$\Omega = \{1; 2; \ldots, 19; 20\} \quad \Rightarrow \quad |\Omega| = 20$$

Beim Ziehen aus der Urne handelt es sich um ein Laplace-Experiment, da jede Kugel mit der gleichen Wahrscheinlichkeit gezogen wird.

$A = \{2; 4; 6; 8; 10; 12; 14; 16; 18; 20\}$

$P(A) = \frac{10}{20} = \frac{1}{2}$

$B = \{1; 2; 3; 4; 5; 6; 7; 8; 9\}$

$P(B) = \frac{9}{20}$

A $\cap$ B: Die gezogene Zahl ist gerade und kleiner als 10.

$A \cap B = \{2; 4; 6; 8\}$

$P(A \cap B) = \frac{4}{20} = \frac{1}{5}$

A $\cup$ B: Die gezogene Zahl ist gerade oder kleiner als 10.

$A \cup B = \{1; 2; 3; 4; 5; 6; 7; 8; 9; 10; 12; 14; 16; 18; 20\}$

$P(A \cup B) = \frac{15}{20} = \frac{3}{4}$

oder

$P(A \cup B) = P(A) + P(B) - P(A \cap B) = \frac{1}{2} + \frac{9}{20} - \frac{1}{5} = \frac{15}{20} = \frac{3}{4}$

Bemerkung: Wären in der Urne 10 Kugeln mit einer 1, 6 Kugeln mit einer 2 und 4 Kugeln mit einer 3 beschriftet, so wäre das Ziehen aus dieser Urne kein Laplace-Experiment, denn die Wahrscheinlichkeiten, eine 1, 2 bzw. 3 zu ziehen, wären dann nicht gleich groß.

2.3 Baumdiagramm

Ein Baumdiagramm eignet sich zur Bestimmung von Wahrscheinlichkeiten mehrstufiger bzw. zusammengesetzter Zufallsexperimente.

Verzweigungsregel
Bei einem vollständigen Baumdiagramm beträgt die Summe der Wahrscheinlichkeiten aller Äste, die von einem Verzweigungspunkt ausgehen, stets 1.

1. Pfadregel (Produktregel)
Die Wahrscheinlichkeit eines einzelnen Ergebnisses ist das Produkt der Wahrscheinlichkeiten entlang des Pfades, der zu diesem Ergebnis führt.

2. Pfadregel (Summenregel)
Die Wahrscheinlichkeit eines Ereignisses ist die Summe der Wahrscheinlichkeiten der Pfade, die zu diesem Ereignis gehören.

 Die Tennisabteilung eines Vereins besteht zu 60 % aus männlichen Mitgliedern, von denen 20 % Linkshänder sind. 10 % aller Mitglieder sind weiblich und Rechtshänder.
Zeichnen Sie ein vollständiges Baumdiagramm und ermitteln Sie die Wahrscheinlichkeit, dass ein beliebiges Mitglied des Vereins Linkshänder ist.

M: Mitglied ist ein Mann.
L: Mitglied ist Linkshänder.

Die fett gedruckten Werte im Baumdiagramm sind gegeben, die übrigen ergeben sich mithilfe der Wahrscheinlichkeit für das Gegenereignis bzw. mit der 1. Pfadregel:

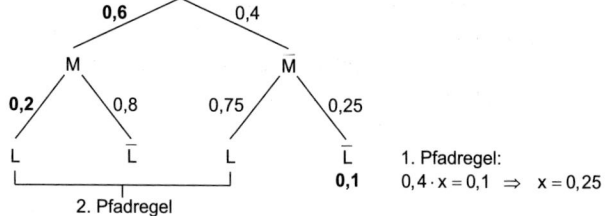

1. Pfadregel:
$0,4 \cdot x = 0,1 \implies x = 0,25$

Die gesuchte Wahrscheinlichkeit erhält man mithilfe der 2. Pfadregel:
$$P(L) = 0,6 \cdot 0,2 + 0,4 \cdot 0,75 = 0,42$$

2.4 Vierfeldertafel

Eine Vierfeldertafel eignet sich zur Bestimmung von Wahrscheinlichkeiten der Verknüpfungen zweier Ereignisse A und B.

Aufbau einer Vierfeldertafel
Eine Vierfeldertafel ist folgendermaßen aufgebaut:

	A	$\overline{A}$	
B	$P(A \cap B)$	$P(\overline{A} \cap B)$	$P(B)$
$\overline{B}$	$P(A \cap \overline{B})$	$P(\overline{A} \cap \overline{B})$	$P(\overline{B})$
	$P(A)$	$P(\overline{A})$	1

Die Randwerte ergeben sich dabei jeweils durch Summenbildung.
In den Feldern können anstatt von Wahrscheinlichkeiten auch absolute Häufigkeiten stehen.

Die Angaben aus dem vorherigen Beispiel lassen sich auch in einer Vierfeldertafel darstellen.

Gegeben:
$P(M) = 0,6$
$P(M \cap L) = 0,6 \cdot 0,2 = 0,12$
$P(\overline{M} \cap \overline{L}) = 0,1$

Diese Werte sind in der Vierfeldertafel fett gedruckt, die übrigen Werte ergeben sich entsprechend als Summen bzw. Differenzen:

	M	$\overline{M}$	
L	**0,12**	0,3	0,42
$\overline{L}$	0,48	**0,1**	0,58
	0,6	0,4	1

Die zuvor mithilfe der 2. Pfadregel berechnete Wahrscheinlichkeit $P(L) = 0,42$ lässt sich aus der Vierfeldertafel direkt ablesen.

2.5 Bedingte Wahrscheinlichkeit und stochastische Unabhängigkeit

Bedingte Wahrscheinlichkeit

Bei einem Zufallsexperiment mit den möglichen Ereignissen A und B heißt die Wahrscheinlichkeit, dass B eintritt unter der Voraussetzung, dass A bereits eingetreten ist, die durch A bedingte Wahrscheinlichkeit von B. Für diese Wahrscheinlichkeit gilt:

$$P_A(B) = \frac{P(A \cap B)}{P(A)}$$

Mithilfe von bedingten Wahrscheinlichkeiten lässt sich das vollständige Baumdiagramm für ein zusammengesetztes bzw. mehrstufiges Zufallsexperiment mit den beiden Ereignissen A und B angeben:

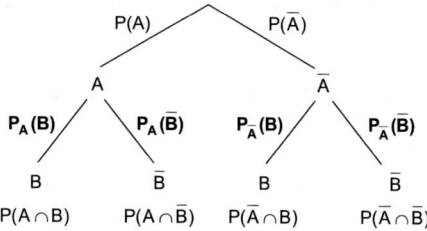

Stochastische Unabhängigkeit

Zwei Ereignisse A und B heißen **stochastisch unabhängig**, wenn das Eintreten von A keinen Einfluss auf die Wahrscheinlichkeit von B hat und umgekehrt, d. h., wenn $P_A(B) = P(B)$ oder $P_B(A) = P(A)$.
Dies ist genau dann der Fall, wenn gilt:
$$P(A \cap B) = P(A) \cdot P(B)$$
Andernfalls heißen A und B **stochastisch abhängig**.

Bemerkungen:
- Die stochastische Unabhängigkeit zweier Ereignisse ist nicht zu verwechseln mit der Unvereinbarkeit zweier Ereignisse A und B.
  Für Letztere gilt: $P(A \cap B) = P(\{\}) = 0$
- Die stochastische Unabhängigkeit zweier Ereignisse A und B lässt sich gut anhand einer Vierfeldertafel überprüfen.

Bei der Produktion eines Spielzeugs für Kinder können zwei Fehler auftreten. 10 % der produzierten Spielzeuge haben einen Funktionsfehler (F_1), 20 % haben einen Farbfehler (F_2). 25 % aller Spielzeuge haben mindestens einen Fehler.

a) Stellen Sie die zugehörige Vierfeldertafel auf und überprüfen Sie die Ereignisse F_1 und F_2 auf stochastische Unabhängigkeit.

Gegeben: $P(F_1) = 0,1$ $P(F_2) = 0,2$ $P(F_1 \cup F_2) = 0,25$

Es gilt:

$P(\overline{F_1}) = 1 - 0,1 = 0,9$

$P(\overline{F_2}) = 1 - 0,2 = 0,8$

$P(\overline{F_1} \cap \overline{F_2}) = 1 - P(F_1 \cup F_2) = 1 - 0,25 = 0,75$

Damit lässt sich eine vollständige Vierfeldertafel angeben, anhand der die stochastische Unabhängigkeit überprüft werden kann:

	F_1	$\overline{F_1}$	
F_2	0,05	0,15	**0,2**
$\overline{F_2}$	0,05	**0,75**	0,8
	0,1	0,9	1

$\left.\begin{array}{l} P(F_1 \cap F_2) = 0,05 \\ P(F_1) \cdot P(F_2) = 0,1 \cdot 0,2 = 0,02 \end{array}\right\} \Rightarrow P(F_1 \cap F_2) \neq P(F_1) \cdot P(F_2)$

F_1 und F_2 sind stochastisch abhängig.

b) Ein Spielzeug funktioniert einwandfrei. Bestimmen Sie die Wahrscheinlichkeit dafür, dass das Spielzeug einen Farbfehler hat.

Gesucht ist die bedingte Wahrscheinlichkeit $P_{\overline{F_1}}(F_2)$.

$P_{\overline{F_1}}(F_2) = \dfrac{P(\overline{F_1} \cap F_2)}{P(\overline{F_1})} = \dfrac{0,15}{0,9} = \dfrac{1}{6} \approx 16,67\,\%$

c) Stellen Sie das zugehörige vollständige Baumdiagramm auf.

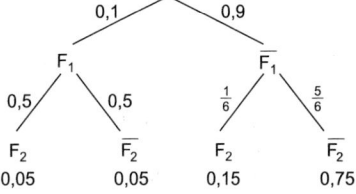

Totale Wahrscheinlichkeit / Satz von Bayes

Satz von der totalen Wahrscheinlichkeit

Setzt sich ein Ereignis B aus mehreren sich gegenseitig ausschließen-
den Ereignissen $A_1 \cap B$, $A_2 \cap B$, …, $A_i \cap B$ zusammen, so gilt:

$$P(B) = P(A_1) \cdot P_{A_1}(B) + P(A_2) \cdot P_{A_2}(B) + … + P(A_i) \cdot P_{A_i}(B)$$

Satz von Bayes

Bekannt sind die Wahrscheinlichkeiten $P(A_i)$ der Ereignisse A_i, die
sich gegenseitig ausschließen und zusammen das sichere Ereignis
bilden. Für die bedingte Wahrscheinlichkeit $P_B(A_i)$ gilt dann:

$$P_B(A_i) = \frac{P(A_i \cap B)}{P(B)} = \frac{P(A_i) \cdot P_{A_i}(B)}{P(A_1) \cdot P_{A_1}(B) + P(A_2) \cdot P_{A_2}(B) + … + P(A_i) \cdot P_{A_i}(B)}$$

Auf den Maschinen M_1, M_2 und M_3 der Firma Voss werden Lochble-
che gestanzt. Auf Maschine M_1 werden 15 %, auf Maschine M_2 25 %
und auf Maschine M_3 60 % der Gesamtproduktion hergestellt. Der
Ausschussanteil bei Maschine M_1 beträgt 3 %, bei Maschine M_2 4 %
und bei Maschine M_3 2 %. Ein Lochblech ist defekt.
Bestimmen Sie, mit welcher Wahrscheinlichkeit dieses Lochblech von
Maschine M_2 hergestellt wurde.

M_i: Lochblech wurde von Maschine M_i produziert (i = 1, 2, 3)
B: Lochblech ist Ausschuss

Gegeben:

$P(M_1) = 0,15$ $P_{M_1}(B) = 0,03$

$P(M_2) = 0,25$ $P_{M_2}(B) = 0,04$

$P(M_3) = 0,6$ $P_{M_3}(B) = 0,02$

Mit dem Satz von Bayes gilt:

$$P_B(M_2) = \frac{P(M_2 \cap B)}{P(B)}$$

$$= \frac{P(M_2) \cdot P_{M_2}(B)}{P(M_1) \cdot P_{M_1}(B) + P(M_2) \cdot P_{M_2}(B) + P(M_3) \cdot P_{M_3}(B)}$$

$$= \frac{0,25 \cdot 0,04}{0,15 \cdot 0,03 + 0,25 \cdot 0,04 + 0,6 \cdot 0,02} = \frac{0,01}{0,0265} \approx 0,377$$

Mit ca. 37,7 % wurde das Lochblech auf Maschine M_2 hergestellt.

3 Zufallsgrößen

3.1 Zufallsgrößen und ihre Wahrscheinlichkeitsverteilung

Eine **Zufallsgröße** oder Zufallsvariable ordnet jedem Ergebnis eines Zufallsexperiments eine reelle Zahl zu. Die **Wahrscheinlichkeitsverteilung** einer Zufallsgröße X gibt an, mit welchen Wahrscheinlichkeiten $p_1, p_2, ..., p_n$ die Zufallsgröße die möglichen Werte $x_1, x_2, ..., x_n$ annimmt.

In Tabellenform:

x_i	x_1	x_2	...	x_n
$P(X = x_i)$	p_1	p_2	...	p_n

Dabei muss die Summe der Wahrscheinlichkeiten stets 1 ergeben:
$p_1 + p_2 + ... + p_n = 1$ (Normierungsbedingung)
Die Veranschaulichung der Wahrscheinlichkeitsverteilung kann durch ein Stabdiagramm oder ein Histogramm erfolgen.

Vorgehensweise
Schritt 1: Werte, die die Zufallsgröße X annehmen kann, auflisten
Schritt 2: Zugehörige Wahrscheinlichkeiten berechnen
Schritt 3: Tabelle und ggf. Stabdiagramm oder Histogramm erstellen

Bei einem gezinkten Würfel wird die Augenzahl 6 mit einer Wahrscheinlichkeit von 0,3 geworfen.
Ermitteln Sie die Wahrscheinlichkeitsverteilung der Zufallsgröße X, die die Anzahl der Sechser beim zweimaligen Werfen dieses Würfels angibt.

Schritt 1: Auflistung der Werte
Die Zufallsgröße X kann folgende Werte annehmen:
$x_1 = 0$ (keine Sechs); $x_2 = 1$ (eine Sechs); $x_3 = 2$ (zwei Sechser)
Schritt 2: Berechnung der Wahrscheinlichkeiten
$P(X = 0) = 0,7 \cdot 0,7 = 0,7^2 = 0,49$
$P(X = 1) = 0,7 \cdot 0,3 + 0,3 \cdot 0,7 = 0,42$
$P(X = 2) = 0,3 \cdot 0,3 = 0,09$

Schritt 3: Tabelle und Stabdiagramm

x_i	0	1	2
$P(X = x_i)$	0,49	0,42	0,09

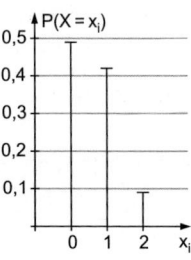

3.2 Erwartungswert, Varianz und Standardabweichung

Erwartungswert
Der Erwartungswert einer Zufallsgröße X gibt an, welcher Mittelwert bei oftmaliger Wiederholung des Zufallsexperiments zu erwarten ist.

$$\mu = E(X) = \sum_{i=1}^{n} x_i \cdot p_i = x_1 \cdot p_1 + \ldots + x_n \cdot p_n$$

Varianz und Standardabweichung
Die Varianz und die Standardabweichung einer Zufallsgröße X erfassen die Streuung der Werte um den Erwartungswert von X.

$$Var(X) = \sum_{i=1}^{n} (x_i - \mu)^2 \cdot p_i = (x_1 - \mu)^2 \cdot p_1 + \ldots + (x_n - \mu)^2 \cdot p_n$$

$$\sigma(X) = \sqrt{Var(x)}$$

Ein Englischlehrer stellt für die Notenverteilung der nächsten Klassenarbeit zwei mögliche Szenarien gegenüber.

Szenario A:

Note x_i	1	2	3	4	5	6
$P(X = x_i)$	0,1	0,15	0,5	0,2	0	0,05

Szenario B:

Note y_i	1	2	3	4	5	6
$P(Y = y_i)$	0,2	0,25	0,25	0,05	0,15	0,1

Erwartungswerte (Notendurchschnitte):
$$E(X) = 1 \cdot 0,1 + 2 \cdot 0,15 + 3 \cdot 0,5 + 4 \cdot 0,2 + 5 \cdot 0 + 6 \cdot 0,05 = 3$$
$$E(Y) = 1 \cdot 0,2 + 2 \cdot 0,25 + 3 \cdot 0,25 + 4 \cdot 0,05 + 5 \cdot 0,15 + 6 \cdot 0,1 = 3$$
In beiden Fällen ergäbe sich derselbe Notendurchschnitt.

Varianz/Streuung um den Notendurchschnitt:

$$Var(X) = (1-3)^2 \cdot 0{,}1 + (2-3)^2 \cdot 0{,}15 + (3-3)^2 \cdot 0{,}5 + (4-3)^2 \cdot 0{,}2$$
$$+ (5-3)^2 \cdot 0 + (6-3)^2 \cdot 0{,}05$$
$$= 1{,}2$$

$$Var(Y) = (1-3)^2 \cdot 0{,}2 + (2-3)^2 \cdot 0{,}25 + (3-3)^2 \cdot 0{,}25 + (4-3)^2 \cdot 0{,}05$$
$$+ (5-3)^2 \cdot 0{,}15 + (6-3)^2 \cdot 0{,}1$$
$$= 2{,}6$$

Wegen $Var(Y) > Var(X)$ wäre die Streuung der Noten um den Notendurchschnitt bei Szenario B größer als bei Szenario A.

Dies wird auch an den Stabdiagrammen deutlich:

Szenario A: Szenario B:

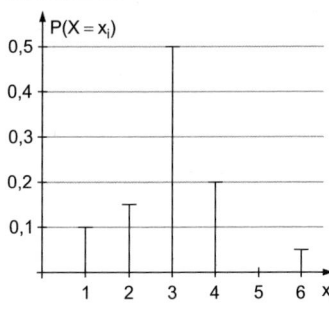
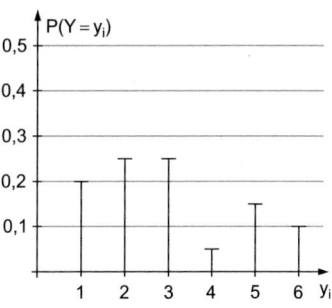

Szenario A:
Sehr gute und sehr schlechte Noten treten selten auf.
⇒ Die Noten streuen nur wenig um den Erwartungswert.

Szenario B:
Die Noten sind recht gleichmäßig verteilt.
⇒ Die Noten streuen stark um den Erwartungswert.

Bemerkungen:
- Der Erwartungswert $E(X)$ einer Zufallsgröße X ist häufig kein Wert, den die Zufallsgröße tatsächlich annimmt.
- Eine Zufallsgröße mit dem Erwartungswert 0 und der Varianz 1 heißt normiert oder standardisiert.
- Ein Spiel ist fair, wenn der Erwartungswert des Gewinns für jeden Spieler gleich null ist.

3.3 Binomialverteilte Zufallsgrößen

Bernoulli-Experiment

Ein Zufallsexperiment mit nur zwei möglichen Ergebnissen (Treffer und Niete) heißt Bernoulli-Experiment. Die Trefferwahrscheinlichkeit bezeichnet man mit p, die Wahrscheinlichkeit für eine Niete mit $q = 1 - p$. Die n-fache unabhängige Wiederholung eines Bernoulli-Experiments heißt Bernoulli-Kette der Länge n. Die Trefferwahrscheinlichkeit p bleibt dabei konstant.

Binomialverteilte Zufallsgröße

Für die Zufallsgröße X, die die Anzahl der Treffer bei einer Bernoulli-Kette der Länge n mit Trefferwahrscheinlichkeit p angibt, gilt:

$$P(X = k) = \binom{n}{k} \cdot p^k \cdot (1 - p)^{n-k} \quad (0 \le k \le n)$$

Diese Wahrscheinlichkeitsverteilung heißt Binomialverteilung.

Kumulative Verteilungsfunktion

Die kumulative Verteilungsfunktion einer binomialverteilten Zufallsgröße ist gegeben durch:

$$P(X \le k) = \sum_{i=0}^{k} P(X = i)$$

Anstatt $P(X = k)$ wird oftmals auch die Schreibweise $B(n; p; k)$ und anstatt $P(X \le k)$ die Schreibweise $F(n; p; k) = \sum_{i=0}^{k} B(n; p; i)$ verwendet. X heißt deswegen auch binomialverteilt nach $B(n; p)$.

Erwartungswert, Varianz und Standardabweichung

Für eine binomialverteilte Zufallsgröße X gilt:

- $\mu = E(X) = n \cdot p$ (Erwartungswert)
- $Var(X) = n \cdot p \cdot (1 - p)$ (Varianz)
- $\sigma = \sigma(X) = \sqrt{n \cdot p \cdot (1 - p)}$ (Standardabweichung)

 Die Werte für Binomialverteilungen und ihre kumulativen Verteilungen können entweder einem Tafelwerk entnommen werden oder mit einem GTR/CAS bestimmt werden.

Übersicht über typische Fragestellungen:

- **genau** k Treffer: $P(X = k) = \binom{n}{k} \cdot p^k \cdot (1-p)^{n-k}$
- **höchstens** k Treffer: $P(X \le k)$
- **weniger als** k Treffer: $P(X < k) = P(X \le k - 1)$
- **mindestens** k Treffer: $P(X \ge k) = 1 - P(X \le k - 1)$
- **mehr als** k Treffer: $P(X > k) = P(X \ge k + 1) = 1 - P(X \le k)$
- **mindestens** k_1, **aber höchstens** k_2 Treffer: $P(k_1 \le X \le k_2) = P(X \le k_2) - P(X \le k_1 - 1)$

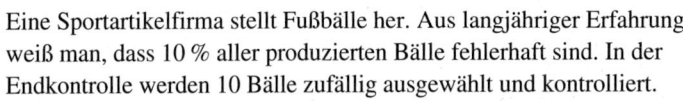

Eine Sportartikelfirma stellt Fußbälle her. Aus langjähriger Erfahrung weiß man, dass 10 % aller produzierten Bälle fehlerhaft sind. In der Endkontrolle werden 10 Bälle zufällig ausgewählt und kontrolliert.

a) Berechnen Sie die Wahrscheinlichkeit für folgende Ereignisse:
   (1) Genau drei Bälle sind fehlerhaft.
   (2) Höchstens vier Bälle sind fehlerhaft.
   (3) Mehr als drei Bälle sind fehlerhaft.
   (4) Mindestens zwei, aber höchstens vier Bälle sind fehlerhaft.

Die Zufallsgröße X gibt die Anzahl der fehlerhaften Bälle bei der Endkontrolle an. X ist binomialverteilt mit $n = 10$ und $p = 0,1$.

(1) $P(X = 3) = \binom{10}{3} \cdot 0,1^3 \cdot 0,9^7 \approx 0,0574 = 5,74 \%$

(2) $P(X \le 4) = \sum_{i=0}^{4} P(X = i) \approx 0,9984 = 99,84 \%$

(3) $P(X > 3) = 1 - P(X \le 3) = 1 - \sum_{i=0}^{3} P(X = i) \approx 1 - 0,9872$
   $= 0,0128 = 1,28 \%$

(4) $P(2 \le X \le 4) = P(X \le 4) - P(X \le 1) = \sum_{i=0}^{4} P(X = i) - \sum_{i=0}^{1} P(X = i)$
   $\approx 0,9984 - 0,7361 = 0,2623 = 26,23 \%$

b) Ermitteln Sie, wie viele Bälle man mindestens kontrollieren müsste, um mit einer Wahrscheinlichkeit von mindestens 95 % mindestens einen fehlerhaften Ball zu finden („3-mindestens-Aufgabe").

Die Zufallsgröße X ist nun binomialverteilt mit $p = 0,1$ und unbekanntem n. Es soll $P(X \ge 1) \ge 0,95$ gelten.

Berechnung durch Äquivalenzumformungen:

$$P(X \geq 1) \geq 0,95$$
$$1 - P(X = 0) \geq 0,95$$
$$P(X = 0) \leq 0,05$$
$$\binom{n}{0} \cdot 0,1^0 \cdot 0,9^n \leq 0,05$$
$$0,9^n \leq 0,05 \qquad |\ln$$
$$n \cdot \ln 0,9 \leq \ln 0,05 \qquad | : \ln 0,9 \quad (< 0\,!)$$
$$n \geq \frac{\ln 0,05}{\ln 0,9} \approx 28,43$$

Falls es der Operator in der Aufgabenstellung zulässt, kann die Bestimmung auch durch systematisches Probieren mit dem GTR/CAS erfolgen:

Für $n = 28$ gilt: $P(X \geq 1) \approx 0,9477 = 94,77\,\%$
Für $n = 29$ gilt: $P(X \geq 1) \approx 0,9529 = 95,29\,\%$

Man erkennt, dass für $n = 29$ der Wert erstmals größer als 95 % ist. Folglich müsste man mindestens 29 Bälle kontrollieren.

Einfluss der Parameter n und p auf Binomialverteilungen

Durch die Länge n und die Trefferwahrscheinlichkeit p sind die Binomialverteilung und ihr Graph festgelegt.

- **Änderung von p bei festem n**
  Bei fester Länge n und wachsender Trefferwahrscheinlichkeit p wird der Erwartungswert größer. Das Maximum der Verteilung wandert daher nach rechts.

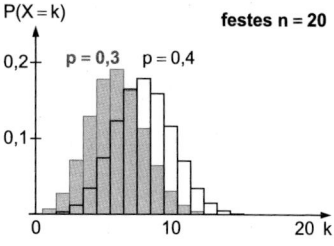

- **Änderung von n bei festem p**
  Bei fester Trefferwahrscheinlichkeit p wird für größere n sowohl der Erwartungswert als auch die Streuung größer. Das Maximum der Verteilung verschiebt sich nach rechts und die Verteilung wird flacher und breiter.

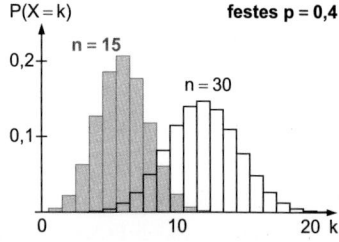

Sigma-Umgebungen um den Erwartungswert (nur LK)

Der Graph einer Binomialverteilung wird durch den Erwartungswert und durch die Standardabweichung gut charakterisiert.
Mithilfe der Standardabweichung σ lässt sich die Wahrscheinlichkeit dafür abschätzen, dass die Trefferanzahl einer Bernoulli-Kette innerhalb einer sogenannten σ-Umgebung um den Erwartungswert liegt.

Sigma-Regeln

Für eine binomialverteilte Zufallsgröße X mit den Parametern n und p sowie dem Erwartungswert $\mu = n \cdot p$ und der Standardabweichung $\sigma = \sqrt{n \cdot p \cdot (1-p)}$ erhält man folgende Näherungen:

(1) $P(\mu - \sigma \leq X \leq \mu + \sigma) \approx 68,3\,\%$

(2) $P(\mu - 2\sigma \leq X \leq \mu + 2\sigma) \approx 95,5\,\%$

(3) $P(\mu - 3\sigma \leq X \leq \mu + 3\sigma) \approx 99,7\,\%$

Je größer n ist und je näher p bei 0,5 liegt, desto besser wird die Näherung. Die Näherung ist brauchbar, wenn $\sigma > 3$ erfüllt ist. Diese Forderung wird **Laplace-Bedingung** genannt.

Ein Würfel wird 100-mal geworfen. Die Zufallsvariable X zählt die Anzahl der geworfenen Einsen.
Berechnen Sie zunächst den Erwartungswert und die Standardabweichung von X. Bestimmen Sie anschließend das 2σ-Intervall um den Erwartungswert und vergleichen Sie die Wahrscheinlichkeit mit dem Näherungswert aus den σ-Regeln.

Die Zufallsgröße X wird als binomialverteilt mit $n = 100$ und $p = \frac{1}{6}$ angenommen. Es gilt:
$$\mu = E(X) = 100 \cdot \frac{1}{6} = \frac{50}{3}; \quad \sigma = \sigma(X) = \sqrt{100 \cdot \frac{1}{6} \cdot \frac{5}{6}} \approx 3,73$$

Als 2σ-Intervall um den Erwartungswert erhält man:
$$\left[\frac{50}{3} - 2 \cdot 3,73; \; \frac{50}{3} + 2 \cdot 3,73\right] \approx [9,21;\; 24,13]$$

Für die Wahrscheinlichkeit, dass X innerhalb dieser 2σ-Umgebung um den Erwartungswert liegt, ergibt sich:
$$P(10 \leq X \leq 24) = P(X \leq 24) - P(X \leq 9) \approx 0,9783 - 0,0213 = 0,9570$$

Die Näherung 95,5 % aus der σ-Regel und die berechnete Wahrscheinlichkeit von 95,70 % stimmen ungefähr überein.

4 Normalverteilung (nur LK)

4.1 Annäherung der Binomialverteilung durch eine Normalverteilung

Gauß'sche Glockenfunktion

Gilt für die Binomialverteilung $\sigma = \sqrt{n \cdot p \cdot (1-p)} > 3$ (Laplace-Bedingung), so kann das Histogramm ihrer Wahrscheinlichkeiten gut durch eine Glockenkurve angenähert werden. Die Glockenkurve wird in diesen Fällen durch die Dichtefunktion $\varphi(x) = \frac{1}{\sqrt{2\pi}} e^{-\frac{1}{2}x^2}$ beschrieben.

Gauß'sche Integralfunktion

Die Gauß'sche Integralfunktion Φ misst die Fläche unter der Glockenkurve φ. Φ ist demnach die zu φ gehörende Verteilungsfunktion und Integralfunktion von φ.

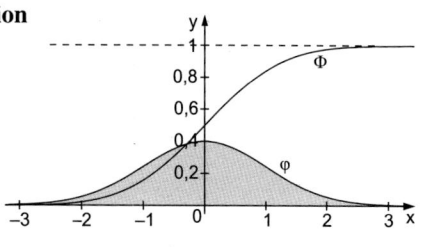

Mit ihr können kumulierte Wahrscheinlichkeiten berechnet werden.

Integrale Näherungsformel von de Moivre-Laplace

Zur Berechnung von $P(k_1 \leq X \leq k_2)$ müssen die Wahrscheinlichkeiten $P(X=i)$ für $i = k_1, \ldots, k_2$, also die zugehörigen Rechtecksflächen des Histogramms addiert werden. Diese können über Φ (Gauß'sche Summenfunktion) angenähert werden. Es gilt folgende Integrale Näherungsformel:

$$P(k_1 \leq X \leq k_2) \approx \Phi\left(\frac{k_2 - \mu + 0{,}5}{\sigma}\right) - \Phi\left(\frac{k_1 - \mu - 0{,}5}{\sigma}\right)$$

Die Vergrößerung des Integrationsintervalls um 0,5 bezeichnet man als Stetigkeitskorrektur.

Bemerkungen:

- Die Funktionswerte $\Phi(x)$ lassen sich mit einem GTR/CAS oder mit einem Tafelwerk bestimmen.
- Es gilt: $\Phi(-x) = 1 - \Phi(x)$

Eine deformierte Münze wird 100-mal geworfen. Die Wahrscheinlichkeit für Kopf beträgt 0,4.

Bestimmen Sie mit der Näherungsformel von de Moivre-Laplace die Wahrscheinlichkeit dafür, dass

(1) weniger als 35-mal Kopf fällt,

(2) mindestens 42-mal Kopf fällt,

(3) mindestens 36-mal und höchstens 43-mal Kopf fällt.

$$\mu = E(X) = 100 \cdot 0,4 = 40; \quad \sigma = \sigma(X) = \sqrt{100 \cdot 0,4 \cdot 0,6} = \sqrt{24} \approx 4,9 > 3$$

Die Laplace-Bedingung ist erfüllt, die Binomialverteilung wird „gut" durch die Normalverteilung angenähert.

$$(1) \quad P(X < 35) = P(X \le 34) \approx \Phi\left(\frac{34 - 40 + 0,5}{\sqrt{24}}\right) - \Phi\left(\frac{0 - 40 - 0,5}{\sqrt{24}}\right)$$

$$\approx \Phi(-1,12) - \Phi(-8,27)$$

$$\approx 0,1314 - 0 \approx 13,14\,\%$$

$$(2) \quad P(X \ge 42) = 1 - P(X \le 41) \approx 1 - \left[\Phi\left(\frac{41 - 40 + 0,5}{\sqrt{24}}\right) - \Phi\left(\frac{0 - 40 - 0,5}{\sqrt{24}}\right)\right]$$

$$\approx 1 - [\Phi(0,31) - \Phi(-8,27)]$$

$$\approx 1 - 0,6217 = 0,3783 = 37,83\,\%$$

$$(3) \quad P(36 \le X \le 43) \approx \Phi\left(\frac{43 - 40 + 0,5}{\sqrt{24}}\right) - \Phi\left(\frac{36 - 40 - 0,5}{\sqrt{24}}\right)$$

$$\approx \Phi(0,71) - \Phi(-0,92)$$

$$\approx 0,7611 - 0,1788 \approx 0,5823 = 58,23\,\%$$

4.2 Normalverteilte Zufallsgrößen

Stetige Zufallsgrößen können in einem Intervall beliebige Zahlenwerte x annehmen. Eine stetige Zufallsgröße heißt normalverteilt mit dem Erwartungswert μ und der Standardabweichung σ, wenn die zugrunde liegende Dichtefunktion durch

$$\varphi_{\mu;\,\sigma}(x) = \frac{1}{\sigma \cdot \sqrt{2\pi}} \cdot e^{-\frac{1}{2} \cdot \left(\frac{x - \mu}{\sigma}\right)^2}$$

gegeben ist.

Wahrscheinlichkeiten bei normalverteilten Zufallsgrößen

Die Intervall-Wahrscheinlichkeiten bei normalverteilten Zufallsgrößen können über die Gauß'sche Integralfunktion $\Phi_{\mu,\sigma}: x \to \Phi\left(\frac{x-\mu}{\sigma}\right)$ ermittelt werden. Es gilt:

$$P(k_1 \leq X \leq k_2) = \Phi_{\mu;\sigma}(k_2) - \Phi_{\mu;\sigma}(k_1) = \Phi\left(\frac{k_2-\mu}{\sigma}\right) - \Phi\left(\frac{k_1-\mu}{\sigma}\right)$$

Bemerkung: Die Gauß'sche Dichtefunkton φ sowie die Funktion Φ (vgl. Abschnitt 4.1) ergeben sich als Spezialfälle für $\mu = 0$ und $\sigma = 1$.

 Eine Maschine produziert Bleche mit einer Dicke von durchschnittlich 0,8 mm. Die Standardabweichung beträgt 0,02 mm.

a) Berechnen Sie den Prozentsatz der Bleche, die dicker als 0,75 mm sind, unter der Annahme, dass die Dicke normalverteilt ist.

$\mu = E(X) = 0,8; \quad \sigma = \sigma(X) = 0,02$

Da die Zufallsgröße X, die die Dicke der Bleche in mm angibt, normalverteilt ist, gilt:

$$P(X > 0,75) = 1 - P(X \leq 0,75)$$
$$\approx 1 - \Phi\left(\frac{0,75-0,80}{0,02}\right)$$
$$= 1 - \Phi(-2,5)$$
$$\approx 1 - 0,0062$$
$$= 0,9938 = 99,38\,\%$$

Somit sind 99,38 % der Bleche dicker als 0,75 mm.

b) Bestimmen Sie, mit viel Prozent Ausschuss zu rechnen ist, wenn die Bleche mindestens 0,74 mm und höchstens 0,84 mm dick sein dürfen.

$$P(0,74 \leq X \leq 0,84) = P(X \leq 0,84) - P(X \leq 0,74)$$
$$= \Phi\left(\frac{0,84-0,80}{0,02}\right) - \Phi\left(\frac{0,74-0,80}{0,02}\right)$$
$$= \Phi(2) - \Phi(-3)$$
$$\approx 0,9772 - 0,0013$$
$$= 0,9759 = 97,59\,\%$$

Folglich ist mit $100\,\% - 97,59\,\% = 2,41\,\%$ Ausschuss zu rechnen.

5 Testen von Hypothesen (nur LK)

Signifikanztest

Bei einem Hypothesentest stellt man eine Vermutung (**Nullhypothese** H_0) über eine Wahrscheinlichkeit auf und testet diese anhand einer Stichprobe. Aufgrund des Ergebnisses des Tests wird entschieden, ob die Vermutung angenommen oder abgelehnt wird.

Dabei können zwei Fehlentscheidungen getroffen werden:

Fehler 1. Art: H_0 wird irrtümlich abgelehnt.

Fehler 2. Art: H_0 wird irrtümlich angenommen bzw. nicht abgelehnt.

Es ist wünschenswert, dass die Wahrscheinlichkeit für einen Fehler 1. Art möglichst klein ist. Deshalb wird diese Irrtumswahrscheinlichkeit durch das **Signifikanzniveau** α beschränkt.

Man unterscheidet **links- und rechtsseitige Signifikanztests**, je nachdem, ob die Vermutung H_0: $p \geq p_0$ oder H_0: $p \leq p_0$ lautet.

Beim **zweiseitigen Signifikanztest** lautet die **Vermutung** H_0: $p = p_0$.

Übersicht über Annahme- und Ablehnungsbereiche

- linksseitiger Test:

  H_0: $p \geq p_0$

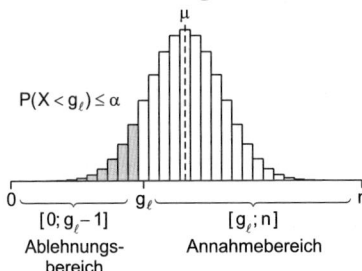

- rechtsseitiger Test:

  H_0: $p \leq p_0$

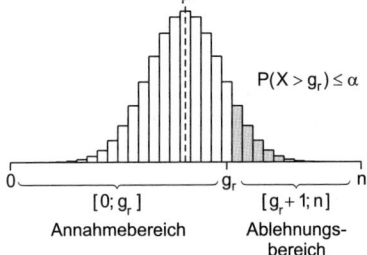

- zweiseitiger Test:
  H_0: $p = p_0$

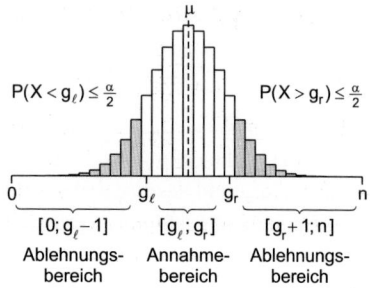

Vorgehensweise

Schritt 1: Zufallsgröße X und Nullhypothese H_0 festlegen

Schritt 2: Feststellen, um welche Art von Test es sich handelt und wo sich Annahme- und Ablehnungsbereich befinden

Schritt 3: Wahrscheinlichkeit für den Fehler 1. Art aufstellen und mit dem Signifikanzniveau α beschränken

Schritt 4: Den kritischen Wert (g_ℓ oder g_r) oder die kritischen Werte (g_ℓ und g_r) experimentell ermitteln

Schritt 5: Annahme- und Ablehnungsbereich angeben

 Der Hersteller eines Beruhigungsmittels behauptet, dass sein Mittel in mindestens 80 % der Fälle erfolgreich wirkt. Um sicherzugehen, dass diese Behauptung stimmt, werden 100 Benutzer des Mittels befragt und die Nullhypothese „in höchstens 80 % der Fälle wirkt das Mittel" auf dem Signifikanzniveau $\alpha = 5\%$ getestet.
Bestimmen Sie die zugehörige Entscheidungsregel und berechnen Sie den Fehler 2. Art, wenn das Mittel in Wirklichkeit in 90 % aller Fälle wirkt.

Schritt 1:
X: Anzahl der Benutzer, bei denen das Mittel wirkt.
H_0: $p \leq 0{,}8$
Die Zufallgröße X wird als B(100, 0,8)-verteilt angenommen.

Schritt 2:
Wirkt das Mittel bei einer hohen Anzahl der 100 befragten Benutzer, spricht dies gegen H_0. $\Rightarrow$ rechtsseitiger Test

Schritt 3:
Mit dem vorgegebenen Signifikanzniveau $\alpha = 0,05$ soll für die Wahrscheinlichkeit des Fehlers 1. Art gelten:
$P(X > g_r) \le 0,05$

Schritt 4:
Gesucht ist also der kleinste Wert g_r, für den noch $P(X > g_r) \le 0,05$ gilt. Systematische Berechnungen mit dem GTR/CAS zeigen:

$$\left.\begin{array}{l} P(X > 87) = P(X \ge 88) \approx 0,0253 \le 0,05 \\ P(X > 86) = P(X \ge 87) \approx 0,0469 \le 0,05 \\ P(X > 85) = P(X \ge 86) \approx 0,0804 > 0,05 \end{array}\right\} \Rightarrow g_r = 86$$

Schritt 5:
Annahmebereich: [0; 86]
Ablehnungsbereich: [87; 100]

Nur wenn mehr als 86 Befragte antworten, dass das Mittel wirkt, kann der Hersteller auf dem Signifikanzniveau $\alpha = 5\,\%$ behaupten, dass das Beruhigungsmittel in mindestens 80 % der Fälle wirkt.

Fehler 2. Art:
Wenn das Mittel in Wirklichkeit in 90 % aller Fälle wirkt, kann die Zufallsgröße X als B(100, 0,9)-verteilt angenommen werden. Der Fehler 2. Art besteht darin, dass H_0 irrtümlich angenommen wird:
$P(X \le 86) \approx 0,1239 = 12,39\,\%$

Abschätzung mit Sigma-Regeln

Ist die Laplace-Bedingung ($\sigma > 3$) erfüllt, können für Wahrscheinlichkeiten auch Näherungswerte herangezogen werden und der kritische Wert aus einer zum Signifikanzniveau α passenden σ-Regel bestimmt werden.

linksseitiger Test
$\alpha = 5\,\%$: $P(\mu - 1,64\sigma \le X) \approx 0,95$
$\alpha = 2,5\,\%$: $P(\mu - 1,96\sigma \le X) \approx 0,975$
$\alpha = 0,5\,\%$: $P(\mu - 2,58\sigma \le X) \approx 0,995$

rechtsseitiger Test
$\alpha = 5\ \%$: $P(X \le \mu + 1,64\sigma) \approx 0,95$
$\alpha = 2,5\ \%$: $P(X \le \mu + 1,96\sigma) \approx 0,975$
$\alpha = 0,5\ \%$: $P(X \le \mu + 2,58\sigma) \approx 0,995$

zweiseitiger Test
$\alpha = 10\ \%$: $P(\mu - 1,64\sigma \le X \le \mu + 1,64\sigma) \approx 0,90$
$\alpha = 5\ \%$: $P(\mu - 1,96\sigma \le X \le \mu + 1,96\sigma) \approx 0,95$
$\alpha = 1\ \%$: $P(\mu - 2,58\sigma \le X \le \mu + 2,58\sigma) \approx 0,99$

 Die Bestimmung des Annahme- und Ablehnungsbereichs beim vorherigen Beispiel kann auch mithilfe der entsprechenden σ-Regel erfolgen.

Aus *Schritt 1* und *2* gegeben:
X: Anzahl der Benutzer, bei denen das Mittel wirkt.
H_0: $p \le 0,8$ (rechtsseitiger Test)
Die Zufallsgröße X wird als B(100, 0,8)-verteilt angenommen.

Schritt 3:
$\mu = E(X) = 100 \cdot 0,8 = 80$
$\sigma = \sigma(X) = \sqrt{100 \cdot 0,8 \cdot 0,2} = \sqrt{16} = 4 > 3$
Die Laplace-Bedingung ist erfüllt.

Schritt 4:
Zum vorgegebenen Signifikanzniveau $\alpha = 0,05$ gehört die σ-Regel
$P(X \le \mu + 1,64\sigma) \approx 0,95$.
Als kritischer Wert ergibt sich:
$g_r = \mu + 1,64\sigma = 80 + 1,64 \cdot 4 = 86,56 \quad \Rightarrow \quad g_r \approx 87$

Schritt 5: Annahme- und Ablehnungsbereich angeben
Annahmebereich: [0; 87]
Ablehnungsbereich: [88; 100]

Bemerkung: Die Abweichungen beim Annahme- und Ablehnungsbereich im Vergleich zur anderen Vorgehensweise resultieren daraus, dass mit den σ-Regeln nur Näherungswerte berechnet werden.

Stichwortverzeichnis

Im Folgenden finden Sie die Stichwörter, die sowohl für den **Grundkurs** als auch für den **Leistungskurs** prüfungsrelevant sind.

Analysis

Geometrie

Stochastik

Nur für den Leistungskurs relevante Stichwörter